Franjo Terhart
Im Zeichen der Wölfin

W0053551

Franjo Terhart wurde 1954 in Essen geboren. Er unterrichtete einige Jahre Latein und Philosophie, ist seit 1985 für den WDR und verschiedene Zeitungen tätig und arbeitet seit 1990 als Kulturbeauftragter der Stadt Neukirchen-Vluyn.
Weitere Titel von Franjo Terhart bei dtv junior: Siehe Seite 4

Franjo Terhart

Im Zeichen der Wölfin

Veleda – Seherin der Germanen

Deutscher Taschenbuch Verlag

Von Franjo Terhart ist bei dtv junior außerdem lieferbar:
Ich – Grace O'Malley. Die abenteuerliche Geschichte
einer irischen Piratin, dtv junior 70366

Originalausgabe
In neuer Rechtschreibung
Dezember 1998
© 1998 Deutscher Taschenbuch Verlag
GmbH & Co. KG, München
Umschlaggestaltung: Jorge Schmidt und Tabea Dietrich
Umschlagbild: Klaus Steffens
Gesamtherstellung: Ebner Ulm
Printed in Germany · ISBN 3-423-70521-3

Inhalt

Personen der Handlung

GERMANEN

Veleda: Seherin der Brukterer
Mälo: ihr Vater und Fürst der Bärensippe
Wilrun: ihre Mutter
Runhold: ihr Bruder
Ima und Freya: ihre Schwestern
Ganna: Veledas beste Freundin
Bernhild: Veledas Tante und Gannas Mutter
Gutones: Gannas Vater
Waluburg: Hagedise der Brukterer und Veledas Lehrmeisterin
Catumer: Gannas Ehemann
Wido: ein Brukterer der Bärensippe

Adgandester: König der Cherusker
Gunnar: sein Vater, den er im Amt beerbt
Ravia: König Gunnars Lieblingssklavin

Notgar: Priester der Göttin Tamfana

Julius Civilis: Bataverführer im Aufstand gegen die Römer
Claudius Paulus: sein Bruder
Gandulf: Unfreier der Bataver
Ingwin: Reiterführer der Tubanten
Gutones: Fürst der Tenkterer

RÖMER

Marcus Sempronus: Hauptmann einer Centurie
Marcus Sempronus d. Ä.: sein Vater, Kaufmann aus Pompeji
Laetitia: seine Mutter
Laelia und Tullia: seine Schwestern
Claudius: sein Bruder

Glaucus Trebus: römischer Architekt in Pompeji
Antonia: seine Frau
Cornelius Gracchus: Ädil
Flavius Nepos: Präfekt
Claudius Firmus: Bäckereibesitzer in Pompeji

Tacitus: römischer Geschichtsschreiber

Dies war eine Jungfrau aus dem Stamm der Brukterer, die weithin Macht besaß, nach altem Brauch der Germanen, viele Frauen für Seherinnen zu halten. Das Ansehen der Veleda stieg beträchtlich, denn sie hatte den Germanen Erfolg und Vernichtung der Legionen vorhergesagt. Ihr Anblick wurde verwehrt um größere Ehrfurcht einzuflößen. Sie wohnte in einem hohen Turm und ein von ihr dazu ausgewählter Verwandter überbrachte die Fragen und Antworten wie der Mittelsmann einer Gottheit.

Tacitus (Hist. IV, 61–65)

Eine besondere Gefangene

Marcus Sempronus grüßt Tacitus, den großen Schriftsteller und Geschichtsschreiber!

Gaius Gracchus – dir bestens bekannt und ein Freund meines verstorbenen Vaters – bat mich dir von einer ungewöhnlichen Frau zu berichten, die ich vor Jahren auf Veranlassung des Kaisers Titus aus dem fernen Germanien nach Rom gebracht habe. Gaius vermutet, dass dich das Schicksal dieser Germanin interessieren könnte, weil du gerade an einem Werk über dieses nördliche, aus tiefen, dunklen Wäldern bestehende Land arbeitest. Aber lass mich dir, hochverehrter Tacitus, von Anfang an erzählen . . .

Ich bin Marcus Sempronus, ehemals Centurio im Dienste Roms, und stamme aus Pompeji, das die Götter von der Erde getilgt haben. Vor vielen Jahren wurde ich als Hauptmann nach Kempten am Fuße der Alpen geschickt. Dort genoss ich eine verhältnismäßig ruhige Zeit, weil die in dieser Region lebenden Stämme allesamt längst befriedet sind. Eher beunruhigend klangen dagegen die Nachrichten, die uns eines Tages aus den nördlichen Provinzen erreichten. Dort erhoben sich überraschend die rheinischen Bataver, zusammen mit den Canninefaten und Brukterern. Ihr Aufstand brachte unsere Truppen in arge Bedrängnis, weil diese Germanen es verstanden, listenreich und mit Hilfe für sie günstiger Umstände wie lang anhaltende Regenfälle gegen uns zu kämpfen. Dabei war immer wieder ein Name in aller Munde, der den Stämmen Kraft und Hoffnung zu geben schien: Veleda.

Selbst im fernen Süden hörten wir von diesem ungewöhnlichen Mädchen, dem die Götter von Kindheit an die Kraft verliehen hatten, die Zukunft vorauszusagen. Und was Veleda ihrem Volk prophezeite, klang fürwahr unglaublich, sagte sie doch den Aufständischen den Sieg voraus und den Römern nichts als Tod und Verderben. Über so viel Anmaßung und Torheit konnten viele von uns anfangs nur lächeln. Doch das Mädchen behielt Recht. Mochten wir auch die besseren Waffen besitzen, mochten wir die stärkeren Heere haben, mochten wir in festen Lagern wohnen und uns zu Wasser wie zu Lande vorteilhafter vorwärts bewegen, so unterlagen wir dennoch bereits den ersten Wellen des gegnerischen Ansturms. Veleda hatte die Zukunft richtig vorausgesagt und fortan unternahmen die aufständischen Germanen im Nordwesten nichts mehr, ohne sie vorher um ihren Rat gefragt zu haben.

Wie du weißt, verehrter Tacitus, änderte sich das Kriegsglück der Aufständischen nach einem Jahr und Rom konnte den Frieden im Reich wieder herstellen. Was aber war mit Veleda? Sie befand sich irgendwo in den Wäldern entlang der Lippe auf der Flucht vor uns Römern. Kaiser Vespasian und später sein Sohn Titus wollten ihrer unbedingt habhaft werden, weil man sie für mitverantwortlich an dem Aufstand hielt, aber das Mädchen entzog sich uns geschickt immer wieder. Bis Soldaten sie eines Tages im Heiligtum der Tamfana südlich der Ruhr, wo sie sich vor uns versteckt gehalten hatte, aufspüren und gefangen nehmen konnten. Die Legion überstellte sie in das befestigte Lager bei Köln, von wo sie schon wenig später mit dem Schiff den Rhein hinauf immer weiter südwärts gebracht wurde. Und so traf Veleda eines Tages im Sommer zusammen mit anderen Gefangenen aus verschiedenen Teilen des Landes in Kempten ein.

Zu dieser Zeit erhielt ich den Befehl, insgesamt 16 Germanen, Männer und Frauen, mit einer Centurie über die Alpen nach Rom zu schaffen, wo ihnen der Prozess gemacht werden sollte. Alle diese Männer und Frauen hatten in irgendeiner Weise mit Aufruhr und Unruhe in den Provinzen zu tun gehabt. Unter ihnen die berühmte Seherin der Germanen!

Ich gebe gern zu, dass ich neugierig und aufgeregt war, das Mädchen endlich mit eigenen Augen zu sehen. Und als ich erfuhr, dass sie in Kempten angekommen war, eilte ich sogleich zu ihr. Aber ich wurde jäh enttäuscht. Ich hatte eine Germanin erwartet, wie sie einstmals dem großen Drusus an der Elbe begegnet war – ein riesenhaftes Weib, das nichts als Furcht und Schrecken verbreitet. Was ich vor mir sah, war eine junge Frau, Mitte zwanzig, hoch gewachsen, mit dickem blondem Haar und einem etwas zu länglichen Gesicht. Im Übrigen glich sie eher einem verängstigten Kind als einer

13

Frau, von der große Gefahr für Rom ausgegangen sein sollte. Veleda kauerte mit den anderen am Boden ihres Gefängnisses und starrte dumpf vor sich hin. Sie wirkte abgezehrt und in ihrem Gesicht konnte ich nur zu deutlich die Furcht vor einem ungewissen Schicksal ablesen. Ich schüttelte ungläubig den Kopf und fragte den Hauptmann, der sie hergebracht hatte, ob dies dort wirklich jene Seherin Veleda sei, mit der die Germanen so ruhmreich gegen uns gekämpft hätten.

Er bejahte und setzte grinsend hinzu: »Das dort ist in der Tat die aufgeblasene Jungfrau, die die Rheinwassertrinker so sehr verehren.«

Aufgeblasene Jungfrau? Er fügte noch hinzu, dass sie seit ihrer Gefangennahme noch zu keinem Römer ein Wort gesprochen hätte. Sie sei wohl zu stolz dazu!

Also befahl ich Veleda zu mir bringen zu lassen, weil ich sie näher kennen lernen wollte. Als sie endlich vor mir stand, bot ich ihr zunächst zu essen und zu trinken an. Aber sie nahm von den dargebotenen Speisen nur Bröckchen und blieb mir gegenüber stumm und abweisend.

»Ich werde dich nach Rom bringen«, sagte ich.

Da blickte sie mir zum ersten Mal in die Augen und ich musste mich abwenden. Ihr Blick war so durchdringend, dass ich ihm nicht standzuhalten vermochte. Ich schauderte sogar, weil ich mir plötzlich einbildete, was sie wohl alles, mein zukünftiges Leben betreffend, gesehen haben mochte. Sind Seherinnen nicht immer gefährlich, und die des Feindes noch viel mehr? Verwirrt über das Erlebte ließ ich sie wieder zu den anderen zurückbringen.

Tage später brachen wir auf. Es war eine mühselige Reise. Die Gefangenen waren es nicht gewohnt, die Berge hinauf über steile Pässe zu steigen, und schleppten sich nur Meter für Meter vorwärts. Wir kamen kaum voran. Zwei Männer starben auf dem Weg und drei, darunter zwei Frauen, wurden so krank, dass ich sie nach Kempten zurückbringen lassen musste. Nachdem wir endlich den Südkamm der Alpen erreicht hatten, hoffte ich, wir kämen nun zügiger voran, was sich aber schnell als Irrtum herausstellte. Nun war es die sengende Julihitze, die den Gefangenen schwer zu schaffen machte. Auch an Veleda, die ich immer wieder auf dem Marsch heimlich beobachtet hatte, ging das Wetter nicht spurlos vorüber. Sie litt wie die anderen, klagte aber weniger.

Eines Nachts weckte mich ein spitzer Schrei. Sofort war ich auf den Beinen und stürzte aus meinem Zelt heraus. Dann vernahm ich einen weiteren Schrei. Er kam aus der Richtung, wo die Gefangenen schliefen. Ich eilte dorthin und traf ein wenig abseits des Hauses auf zwei Soldaten, die eben im Begriff waren, eine sich wehrende Frau hinter ein Gebüsch zu zerren. Als sie mich kommen hörten, wollten sich beide aus dem Staub machen. Einer entkam mir, den anderen schlug ich mit einem Fausthieb zu Boden.

Es kommt immer wieder auf solchen Transporten vor, dass sich Legionäre über gefangene Frauen hermachen. Besonders Germaninnen sind bei Römern begehrt. Ich duldete jedoch ein solches Vergehen nicht! Beide Männer wurden bereits am nächsten Tag für ihre Tat öffentlich bestraft.

Muss ich noch erwähnen, dass es sich bei der jungen Frau um Veleda handelte? Ausgerechnet sie hatten sich die Soldaten ausgesucht. Ihr Vergehen wog umso schwerer, weil auch bei den Germanen Seherinnen jungfräulich bleiben müssen. Wie unsere Priesterinnen der Vesta! Ich führte Veleda zurück zu den anderen und bestimmte eine eigene Wache für sie. Am nächsten Morgen hatte ich den Eindruck, dass sie mich von nun an ebenfalls heimlich beobachtete. Ich sprach sie aber nicht mehr an.

So zogen wir weiter südwärts auf Rom zu. Die Nacht vor unserer letzten Etappe verbrachten wir im Lager von Narnia an der Via Flaminia. Endlich lag das Herz der Welt in Reichweite. Die letzten Tage des Juli waren fürwahr mörderisch heiß. Keine Wolke zeigte sich am azurblauen Himmel. Ich ahnte, dass sich in Rom die Hitze in den engen Gassen der Innenstadt stauen musste und nachts die Balken der Häuser vor Trockenheit krachten. Zugegeben, Rom ist gewaltig, und welcher Mann aus Italien preist nicht die Götter, wenn es ihm vergönnt ist, in der großen Stadt am Tiber zu leben – aber weitaus mehr als ins überbordende Rom zieht es mich nun einmal in meine Heimatstadt am Fuße des Feuer speienden Berges. Ach, was hätte ich in diesem Augenblick dafür gegeben, wenn ich am darauf folgenden Tag nach Pompeji zu meiner Familie hätte aufbrechen können! Aber ich verdrängte diesen Wunsch und freute mich mit meinen Soldaten auf Rom und auch darüber, dass ich elf Gefangene lebend vom Fuße der Alpen bis hierher geführt hatte.

Während ich mich so auf meinem allabendlichen Kontrollgang durchs Lager befand, geschah plötzlich etwas völlig Überraschendes.

»Wie kann man nur in einem Land leben, in dem der Himmel sich niemals bewölkt? Wie hält man es nur aus, dass das glühende Auge der Sonne unbarmherzig auf alles, was steht und geht, herniedersticht?«

Wer sprach mich da an? Rasch wandte ich mich um und erblickte zu meinem Erstaunen Veleda. Weil ich immer noch nicht glauben konnte, dass sie das in so ausgezeichnetem Latein zu mir gesagt hatte, drehte ich mich einmal um mich selbst, aber es war niemand außer ihr da. Dann hörte ich sie kichern. Ich trat zwei Schritte auf sie zu und lächelte die junge Frau unsicher an. Augenblicklich wurde sie wieder ernst und senkte den Blick scheu zu Boden. Was sollte ich jetzt tun? Ich entschied mich auf ihre kleine Provokation über das Wetter einzugehen.

»Wie kann man nur in einem Land leben, in dem die Sonne kaum scheint, die harten Winter alles, was lebt, verzehren und die Wälder dunkel, undurchdringlich und grenzenlos sind?«

Sie sah mich an und diesmal wich ich ihrem Blick nicht aus. »Was wird morgen aus uns?«, fragte sie mit leiser Stimme.

»Morgen?«

»Jemand hörte die Soldaten reden, dass wir morgen in Rom ankommen würden.«

»Das ist richtig.«

Sie nickte.

»Und dann?«

Ich war verwirrt. Einerseits darüber, wie gut sie unsere Sprache beherrschte, andererseits darüber, dass sie am Ende unserer langen Reise plötzlich das Bedürfnis empfand, doch noch mit mir zu reden.

»Wirst du nicht Seherin genannt? Was fragst du also mich, was aus euch werden wird?«, gab ich ihr brüsk zur Antwort.

Plötzlich schluchzte sie heftig auf und ihre Augen füllten sich mit Tränen. Ungläubig starrte ich Veleda an, denn ich hatte bislang geglaubt, germanische Frauen seien unfähig zu weinen. Hörten wir nicht immer wieder davon, dass sie zusammen mit ihren Männern in den Krieg zögen und dabei noch grausamer zu kämpfen verstünden als diese? Hörten wir nicht auch, dass gerade die Frauen und Mädchen Germaniens nichts auf der Welt weich und nachgiebig werden lassen könnte?

Entweder sind dies alles bloß erfundene Geschichten oder Veleda unterschied sich vollkommen von den anderen Germaninnen. Sie ließ ihren Gefühlen so heftig freien Lauf, dass es mir wehtat, dies mit ansehen zu müssen. Fast hatte ich den Eindruck, sie würde sich mit ihrem Ausbruch all das von der Seele weinen, was sie in den letzten Monaten erlitten hatte. Das also war die Frau, die Rom so sehr fürchtete, dass man sie nicht bei ihrem Volk belassen wollte? Eine völlig aufgelöste, laut schluchzende Seherin, die am ganzen Körper zitterte.

Ich redete bedächtig auf sie ein und mit der Zeit beruhigte sie sich wieder. Mir kam der Gedanke, dass man vielleicht die ganzen letzten Jahre über zu viel in ihr gesehen hatte und sie in Wahrheit eher ein hilfloses Geschöpf war als eine Bedrohung. Mir kam der Gedanke, dass man sie ihrem Volk besser hätte zurückgeben sollen, als sie so weit in die Fremde zu schicken. Ich selbst habe Gallier und stolze Germanenfürsten erlebt, die den Tod nicht fürchteten. Ich habe Krieger in Gefangenschaft gesehen, die selbst dann noch vor ihren Feinden ausspuckten, wenn ihnen der Tod durch das Kreuz unmittelbar bevorstand. Aber Veleda hatte nichts von diesen Barbaren; vielmehr schien es mir, als ob sie Hilfe brauchte. Was sollte ich tun? Ich wusste mir keinen Rat. Aber dann entschieden die allmächtigen Götter und lenkten die Wege dieser Frau neu. Und damit auch meine eigenen . . .

Denn in derselben Nacht kam überraschend ein reitender Bote zu uns nach Narnia. Titus hatte ihn persönlich zu mir geschickt. Und noch erstaunlicher war die Nachricht, die er mir überbrachte. Der Kaiser ließ mich wissen, dass nicht ich, sondern mein Stellvertreter Cordus Longus die Gefangenen am anderen Morgen nach Rom bringen sollte – alle bis auf Veleda. Titus befahl sie in meine Obhut, weil er für mich eine besondere Aufgabe hatte. Der Kaiser wollte, dass ich Veledas Vertrauen gewann um sie auszuhorchen. Veleda hatte sich lange Zeit unserem Zugriff entziehen können.

19

Sie war eine berühmte Seherin. Was wusste sie über mögliche aufrührerische Tendenzen in ihrem Stamm oder anderer mit den Brukterern befreundeter Stämme? Was wusste sie dank ihrer prophetischen Kräfte über die Zukunft Roms? Das zu erfahren war es, woran Titus persönlich gelegen war und wofür er mir sogar einige Wochen Zeit ließ. Keine leichte Aufgabe, aber auch nicht aussichtslos, weil es mittlerweile eine kleine Basis gegenseitigen Vertrauens zwischen Veleda und mir gab. Nur: Wie sollte ich weiter vorgehen? Der Kaiser ließ mir freie Hand und so beschloss ich das Vertrauen der Germanin zu gewinnen, indem ich sie mit zu mir nach Hause nahm. Ja, sagte ich mir, im Hause meiner Eltern in Pompeji würde Veleda sich erholen und mir vielleicht preisgeben, was der Kaiser von ihr hören wollte. Denn die Stadt, der Vulkan und das Meer würden ihre Seele überfließen lassen und sie mir gleichermaßen in die Hand geben, weil sie dergleichen Wunderbares niemals zuvor in ihrem Leben gesehen hatte.

In Pompeji

Am frühen Morgen des folgenden Tages brachen wir auf. Um schneller voranzukommen ließ ich mir Pferde bringen, nachdem ich von Veleda erfahren hatte, dass sie reiten konnte. Dass sie versuchen würde mir zu entkommen, befürchtete ich nicht. Es war schier unmöglich, dass sie allein den Weg zurück in ihre Heimat finden würde. Aber Veleda schien nicht an Flucht zu denken. Ihre Augen blitzten erfreut auf, als ich ihr das Pferd übergab.

»Das war das einzige Glück meiner Kindheit«, sagte sie ernst. Das klang traurig, aber damals wusste ich noch nicht, wie ihr bisheriges Leben verlaufen war.

Nachdem ich ihr mitgeteilt hatte, wohin wir ritten, schüttelte sie erstaunt den Kopf. »Ins Haus deiner Eltern?«

»Ja! Der Kaiser will es so. Du sollst die Römer besser kennen lernen. Und die römischen Sitten.«

»Wozu? Wenn mich der Kaiser hinterher doch kreuzigen lassen oder wilden Tieren zum Fraß vorwerfen will wie diese – ach, ich hab ihren Namen vergessen.«

Sie meinte die Christen.

»Woher weißt du das von den Christen?« Ich war verblüfft.

»Ich hörte irgendwann auf dem Marsch, wie sich zwei Soldaten darüber unterhielten, dass Nero diese Christen auf solch schreckliche Weise in den Tod geschickt hat.«

Ich schüttelte den Kopf und klärte sie dann auf. »Das ist lange her, Veleda! Nero ist längst tot und Kaiser Titus wird von allen nur ›der Gütige‹ genannt. Er ist gerecht. Allerdings möchte er, dass du mir über dich und deine Leute Auskunft gibst.« Veleda zeigte keine Reaktion, so als ob sie mich nicht gehört hätte. Vielmehr sorgte sie sich plötzlich um die anderen Gefangenen, die zusammen mit Cordus Longus unterwegs nach Rom waren. Ich versuchte ihr etwas von ihrer Sorge zu nehmen.

»Wir Römer sprechen Recht so wie ihr Germanen auch.«

»Auf dem Thing!«, sagte sie nickend.

»Gut«, erwiderte ich, obwohl ich nicht genau wusste, wovon sie redete. »Und über Aufrührer oder Mörder richten wir genauso, wie ihr es tut, aber im Gegensatz zu euch versenken wir Verurteilte nicht im Moor.«

Sie schwieg.

»Wie das Urteil auch immer ausfallen mag, sie haben es verdient«, versicherte ich der jungen Frau, aber sie reagierte nicht.

Dann lag Pompeji endlich vor uns. Wir erblickten es von den unteren Hängen des Vesuv aus. Veleda aber hatte zunächst nur Augen für das Meer.

»Was ist das?«

»Was?«, fragte ich.

»Das dort unten, so grenzenlos, so blau, so mächtig. Das, was sich wie ein unendlich großes Stück Stoff bewegt und dabei an seinen Rändern schäumt und spritzt. Ist es lebendig?«

Sie redete voller Ehrfurcht, aber wovon nur? Ich hatte zunächst nicht die geringste Ahnung, was sie meinte, dann dämmerte mir allmählich, dass sie vom Meer sprach, das sie zum ersten Mal in ihrem Leben sah.

»Ja, ja das Meer«, klärte ich sie auf und redete

schon fast wie meine Großmutter Antonia. »Seine unendlichen Wasser haben seit Urzeiten noch jeden beeindruckt. Was aber hältst du von Pompeji?«

Da konnte ich lange auf eine Antwort warten. Sie wollte ihre Augen einfach nicht vom Meer abwenden und war enttäuscht, dass sie, je tiefer wir den Berg hinunterkamen, immer weniger davon in der Ferne glitzern sah.

Als wir wenig später in Pompeji eintrafen, benahm sie sich plötzlich wie ein ängstliches Reh. Ihre Augen wurden immer größer und schienen nicht fassen zu können, was da so unversehens auf sie einstürzte. Um uns herum die großen Häuser mit ihren roten Ziegeldächern, die mächtigen Säulen der Tempel, die fremden Götterstatuen, das bunte Treiben in den Straßen, die vielen fremden Menschen, ungewohnte Gerüche, Gezappel und Gezerre, viel Geschrei, die Hektik der Händler und vieles, vieles mehr. Wir Römer kennen das nicht anders. Aber all das brach wie eine Welle über Veleda herein und ängstigte sie.

Auf dem Marsch von den Alpen bis kurz vor Rom waren wir in keine der großen Städte eingekehrt. Entweder hatten wir in befestigten Lagern, die auf unserer Route lagen, die Nächte verbracht oder uns selbst provisorische Unterkünfte geschaffen. Nun erlebte Veleda zum ersten Mal eine römische Stadt aus nächster Nähe. Ängstlich blickte sie umher. Als ich bemerkte, dass sie nur noch starr auf den Hals des Pferdes schaute, ritt ich neben sie und legte meine Hand beruhigend auf die ihre, die die Zügel fest umklammerte.

»Wir sind gleich beim Hause meiner Eltern. Sei unbesorgt, hier geschieht dir nichts Böses.«

Sie antwortete nicht. Ihre Augen hielt sie fest geschlossen. So griff ich entschlossen nach den Zügeln und führte ihr Pferd neben dem meinen her.

»Halt dich nur gut am Hals der Stute fest. Ich bringe uns sicher zum Haus des Marcus Sempronus, meines Vaters«, versicherte ich ihr.

Mein Elternhaus liegt – jetzt sollte ich wohl besser »lag« schreiben, verehrter Tacitus – gleich am Forum. Mein Vater Marcus Sempronus war Kaufmann. Er handelte mit Waren aus Ägypten, Griechenland und Spanien – kostbares Gut, das er an reiche Römer weiterverkaufte. Mein Vater war ein kluger Mann, angesehen, und das sogar weit über die Stadt hinaus. Ich gestehe es gern ein, dass mir nur durch seinen Einfluss in Rom eine glänzende militärische Laufbahn ermöglicht wurde. Ich habe Marcus Sempronus, dessen Name ich stolz trage, viel zu verdanken und ich freute mich darauf, ihn und alle anderen wohlauf anzutreffen.

Mein Wunsch wurde von den Göttern erhört. Meine Familie war gesund und geriet in beste Stimmung, als ich so unverhofft zurückkehrte.

Niemand hatte mit meiner Ankunft rechnen können.

»Warum hast du uns vorher nicht geschrieben, mein Sohn?«, wollte mein Vater wissen. »Dann hätten wir dir zu Ehren ein Fest gegeben und Nachbarn und Freunde eingeladen.«

»Ach, was«, ließ sich meine Mutter Laetitia mit

leuchtenden Augen vernehmen, »das können wir ja immer noch tun.«

»Entschuldigt, dass ich so unerwartet vor der Tür stehe, aber ich komme nicht allein. Der Kaiser gab mir einen wichtigen Auftrag. Seht, wen ich euch mitgebracht habe.«

Alle Blicke richteten sich auf die junge Frau hinter mir. Ich musste Veleda geradezu ins Haus hineinziehen um weiteres Aufsehen bei den Nachbarn ringsumher zu vermeiden. Die hoch gewachsene junge Frau mit ihrem langen blonden Haar, der so gänzlich anderen Kleidung, war alles andere als jemand, der in Pompeji nicht auffiel.

»Wer ist das?«, fragte meine Mutter.

»Sie heißt Veleda und ist meine Gefangene. Ich habe sie zusammen mit anderen Germanen von Kempten bis kurz vor die Tore Roms gebracht. Sie ist eine bedeutende Seherin der Germanen. Der Kaiser will sie sehen, aber davon erzähle ich euch später.«

Dann wandte ich mich an meine Schwester Laelia. »Ach bitte, zeige Veleda doch, wo sie die Nacht verbringen kann. Wir werden uns einige Zeit lang in Pompeji aufhalten.«

»Dann sei herzlich willkommen, und auch du, Veleda«, sagte mein Vater. Er wandte sich der Germanin zu. »Meine Tochter Laelia wird dir helfen dich bei uns im Haus zurechtzufinden. Und was dich angeht, Marcus, so möchte ich mit dir sofort unter vier Augen reden.«

Ich ahnte, was auf mich zukommen würde. Mein Vater war nun einmal ein korrekter Mann. Mir war längst klar geworden, dass ich Veleda nicht nach Pompeji ins Haus meiner Eltern hätte bringen sollen. Kein Centurio holt sich Kriegsgefangene unters eigene Dach. Dieses Vergehen kritisierte Marcus Sempronus sogleich an mir. Und ich erwiderte ihm, dass Veleda nicht irgendeine Gefangene sei und dass ich Titus' Befehl an mich so verstanden hätte, die Seherin mit sanften Mitteln gefügig zu machen, damit sie mir erzählte, was der Kaiser unbedingt von ihr erfahren wollte.

Marcus Sempronus, der kluge Kaufmann, der die Welt auf seinen Handelsreisen mehrfach gesehen hatte, nickte nachdenklich. »Veleda ist nun einmal unter meinem Dach, mein Sohn. Das ist nicht mehr zu ändern. Aber du solltest dich nicht mit ihr öffentlich zeigen.«

Ich zuckte die Achseln.

»Ich fürchte, Vater, dass es dafür längst zu spät ist. Wir sind mitten durch die Stadt geritten und alle haben uns dabei sehen können.«

Er sah mich ernst an.

»Hoffentlich bringst du uns nicht damit in eine schwierige Lage, Marcus.«

Ich starrte etwas hilflos auf meine Zehenspitzen. Ich wollte meinem Vater auf keinen Fall Schande bereiten.

Aber zunächst geschah nichts dergleichen. Pompeji ist eine Stadt, in der sich alle vor allem mit sich selbst beschäftigen. Jeder will möglichst viel Geld erwerben, andere übervorteilen und sein Glück machen. Was auch immer das Stadtgespräch gewesen sein mochte, nach Veleda fragte uns am nächsten Tag jedenfalls keiner. Meiner Familie hätte es nicht besser gehen können. Vater ertrug meinen Fehler und ich selbst war recht guter Dinge, als ich am anderen Morgen Veleda wieder traf.

Ihr schien es jedoch ziemlich schlecht zu gehen. Dunkle Ränder um ihre Augen und ihre blasse Gesichtsfarbe zeigten nicht nur mir, dass sie in der Nacht kaum Schlaf gefunden hatte.

»Ich habe sie gestern Nacht schrecklich schluchzen hören«, flüsterte mir Tullia ins Ohr. »Es geht ihr miserabel, Bruder. Ich glaube, sie ist sehr unglücklich.«

Das waren schlechte Voraussetzungen für mein Vorhaben. Ich seufzte laut und führte Veleda hinaus ins Atrium, wo wir ungestört waren. Veleda ließ sich am Rand des Wasserbeckens nieder und tauchte ihre Hand ins kühle Nass. Wie gebannt starrte sie auf die dunkle Wasseroberfläche.

»Was hast du, Veleda?«, fragte ich vorsichtig. »Ist hier alles so fremd für dich, dass du dich fürchtest?«

Ohne mich anzuschauen erwiderte sie: »Das ist es nicht allein.« Fast hauchte sie diesen Satz.

»Bist du krank? Geht es dir schlecht?«

»Nein, mir fehlt nichts am Leibe, wenn du das meinst, Römer.«

»Dann sag mir, was ich für dich tun kann, und ich werde es tun, glaub mir!«

Ein vages Lächeln umspielte ihre Mundwinkel.

»Was würdest du dir wünschen, Marcus Sempronus, wenn die Männer meines Stammes dich ge-

27

fangen genommen und tief in den Wäldern auf eine Lichtung verschleppt hätten? Dort säßest du, sagen wir, mit Mälo, meinem Vater, und Runhold, meinem ältesten Bruder, zusammen. Sie wären freundlich zu dir, du fasstest nach und nach Vertrauen zu ihnen und dann hättest du auch noch einen Wunsch frei. Nun? Was würdest du ihnen antworten, Römer?«

Ich senkte den Blick.

»Dieses eine kann ich dir allerdings nicht erfüllen, Veleda! Titus will, dass du zu ihm nach Rom kommst, wo dich ein Prozess erwartet. Ob du anschließend nach Hause zurückkehren darfst, steht nicht in meiner Macht. Allerdings habe ich gehört, dass einigen Germanen Rückkehr gewährt wurde. Ausgeschlossen ist es jedenfalls nicht!«

»Und was soll ich hier im Hause deiner Eltern? Warum hast du mich hergebracht?«

Noch immer klang ihre Stimme zurückhaltend und rau zugleich. Ich fühlte, dass Veleda, die berühmte Seherin, vollkommen ungewiss über ihr zukünftiges Schicksal war. Gerade das war ein Verhalten, das ich nicht so recht begriff.

»Erzähle mir von dir, Veleda! Erzähle mir, warum du nicht weißt, was dich erwartet. Hast du denn deinen Leuten nicht Sieg prophezeit und uns Untergang? Genauso ist es damals auch eingetroffen. Du bist eine germanische Seherin und wirst von deinem Stamm wie ein göttliches Wesen verehrt. Was sorgst du dich also? Du musst doch wissen, wohin dich deine Wege führen, Veleda. Oder siehst du, dass bereits alles zu En . . .«

Es verschlug mir die Stimme.

Sie gab einen Laut der Klage von sich und rieb sich mit beiden Händen gedankenverloren durchs Gesicht. Dann blickte sie zum Himmel auf und zeigte anschließend auf die vier hohen Mauern des Atriumgartens, die uns umgaben.

»So ist mein Blick auf alles, was mich angeht, viele Jahre meines Lebens gewesen. So und nicht anders, hörst du! Meine Sicht auf mich endete immer an den Mauern meines Turmes, denn keine Seherin darf für sich selbst vorausschauen. Sie ist nur wissendes Auge für die Menschen, die sie fragen, die ihre Hilfe suchen. Ihre eigene Zukunft bleibt für sie im Dunkeln. So wollen es die Götter!«

Vieles von dem, was sie mir erzählte, verwirrte mich. »Was meinst du mit Turm? Germanen bauen keine Türme. Wie kannst du dich nicht in deine Prophezeiungen miteinbeziehen? Das ist doch nicht möglich, denn du allein siehst doch, was die Götter uns bestimmt haben, und niemand anderes. Folglich überschaust du auch dein eigenes Leben.«

Doch sie schüttelte abwehrend heftig den Kopf.

»Nein, nein, nein, Marcus Sempronus! Seherinnen wie ich werden von Kindheit an durch weise Frauen des Stammes dazu angeleitet, sich selbst nicht wichtig zu nehmen. Wichtig ist ausschließlich das Bestehen des Stammes, für den ich verantwortlich bin. Und wenn du meinst, dass Germanen keine Türme bauen, beruht das nur auf deiner Unkenntnis über uns. Was weißt du schon über mein Volk? Höre, ich bin Veleda, die Seherin, und ich habe fast mein ganzes Leben allein in einem Turm zugebracht.«

»Das mag ich kaum glauben«, gestand ich ihr.

»So ist es aber gewesen.«

»Würdest du mir davon erzählen?«, fragte ich vorsichtig.

Sie schwieg und blickte wieder in den dunklen Spiegel der Wasseroberfläche. Ich lehnte mich still an eine Säule und sah sie nachdenklich an. Sie hatte mich mit dem, was sie mir gesagt hatte, überrascht. Nun wollte ich mehr von ihr erfahren.

Nach einer ganzen Weile blickte sie plötzlich auf und fragte: »Würdest du mit mir zum Meer gehen? Könnten wir nicht dort weiterreden?«

Ich presste meine Lippen aufeinander, weil ich nicht wusste, was ich ihr antworten sollte.

»Ist es weit bis ans Meer?«

»Nein! Das ist es nicht . . .«

»Warum zögerst du dann? Glaubst du, dass ich dir davonlaufe?«

»Auf keinen Fall!« Ich lachte. »Nein, das denke ich nicht, aber die Leute . . .«

»Du willst nicht, dass man uns sieht. Ist es so?«

Ich nickte langsam.

Plötzlich sprang sie auf und blickte mich an. Von einem Augenblick zum anderen war die Seherin aus ihrer Lethargie erwacht.

»Also, höre zu, Hauptmann Marcus Sempronus! Der Kaiser will, dass du mich befragst. Gut! Ich gehe darauf ein. Aber ich werde nur am Meer meinen Mund öffnen, um zu reden, und nirgendwo sonst.«

Ich starrte sie an. »Du bist verrückt! Was willst du am Meer, Veleda? Wir können doch hier viel besser im Haus . . .«

»Nein! Entweder am Meer oder ich schweige. Du hast die Wahl!«

»Begib dich mit ihr ans Meer, mein Sohn«, vernahm ich hinter mir überraschend die Stimme meines Vaters. Offensichtlich hatte er Veledas unerwarteten Gefühlsausbruch mitbekommen.

»Und die Leute?«, wandte ich ein. »Du hast doch selbst gesagt . . .«

Er winkte ab. »Nehmt die weniger belebten Straßen und reitet ans Wasser. Wenn sie dir nur dort erzählen will, dann soll es eben am Strand sein. Du hast sie hierher gebracht, also hilf ihr auch sich bei uns wohl zu fühlen.«

Ich gab schließlich nach und versprach Veleda, dass ich mit ihr ans Meer reiten würde.

Um die neunte Stunde (15 Uhr) verließen wir das Haus. Ich wählte Gassen, die zu dieser Stunde nur von wenigen Menschen benutzt wurden. Außerdem hatte Laelia der Germanin ein Kopftuch geliehen, unter dem Veleda ihr auffälliges Haar verbergen konnte. Sie trug jetzt eine Tunika und wäre auf den ersten Blick als eine allerdings etwas zu groß geratene Römerin durchgegangen.

Als wir das Meer erreichten, sog Veleda tief seinen salzigen Geruch ein. Der Anblick der türkisfarbigen Wellen, die lange und sanft auf dem sandigen Boden ausliefen, ließen sie in Verzückung geraten.

31

So ganz konnte ich ihre Begeisterung nicht verstehen. Sie erschien mir übertrieben, aber ich hielt mir immer wieder vor Augen, dass sie dies alles zum ersten Mal im Leben sah.

Wir suchten uns eine leicht erhöhte Stelle am Ufer und setzten uns dort nieder. Veleda sagte lange Zeit kein Wort, sondern schaute immer wieder nur aufs Meer hinaus.

»Von nun an möchte ich jeden Tag hierhin.« Es war ihr völlig ernst damit.

Ich aber schwieg.

»Weißt du, was mir vor allem so schwer zu schaffen macht, Centurio?«

»Dass du deine Eltern und deine Geschwister nicht mehr siehst?«

»Das weniger, weil ich sie in den letzten Jahren ohnehin kaum noch gesehen habe. Aber nicht nur sie. Nein, da ist etwas anderes, was mich bedrückt.«

Sie sah mich mit undurchdringlicher Miene an. Was sie sagte, klang äußerst rätselhaft. Wieso hatte sie in den letzten Jahren kaum jemanden gesehen? War sie jetzt verrückt geworden?

»Bist du eigentlich gerne Soldat, Römer?«

Die Frage überraschte mich einmal mehr, aber dann nickte ich.

»Ja, sicher. Ich kann mir nichts Besseres vorstellen.«

»So geht es mir auch mit meinem Dienst. Deshalb bin ich so ratlos über mein Leben.«

Ich verstand sie nicht. »Du bist doch eine Seherin. Daran hat sich doch nichts geändert, oder?«

»O doch! Alles hat sich geändert! Ich bin ausschließlich Seherin für mein Volk, und das habe ich, wie du weißt, nicht durch eigene Schuld verloren.«

Langsam begann ich zu begreifen, was sie so sehr verzweifeln ließ. Es war alarmierend, allerdings für mich.

»Du meinst, du kannst keine Prophezeiungen machen, wenn du nicht bei deinem Volk lebst?«

»So und nicht anders ist mein Dienst als Priesterin gewesen. So wollen es die Götter von mir.«

»Und jetzt hast du . . .«

Ich war entsetzt.

»Jetzt habe ich nicht nur mein Volk, sondern auch das verloren, wofür allein ich gelebt habe. Ich bin nichts ohne meine Gabe.«

»Aber«, wandte ich heftig ein, »diese Gabe existiert doch nach wie vor. Du musst sie nur wieder hervorholen.«

Ihre Antwort traf mich wie ein Keulenschlag.

»Aber sie gehört mir nicht und deshalb darf ich sie auch nicht anwenden.«

Ich war beunruhigt und verwirrt über das, was sie mir da über sich preisgab. Abzusehen war jetzt schon, dass der Kaiser mit meiner Arbeit äußerst unzufrieden sein würde. Und wenn das eintraf, dann würde Titus auch mich zur Rechenschaft ziehen wollen. Mir brach der kalte Angstschweiß aus. Plötzlich hatte ich ein saures Gefühl, wenn ich an meine Zukunft dachte. Ich wollte zurück ins Haus und veranlasste Veleda, die meinem überraschendem Aufbruch nur widerstrebend Folge leistete, mitzukommen. Niedergeschlagen kehrte sie in ihr Zimmer zurück. Aber das war mir egal. Was sollte ich jetzt bloß machen? Veleda weigerte sich mir zu helfen. In meiner Verzweiflung suchte ich meinen Vater auf und berichtete ihm von meiner Not.

Er fasste mich mit beiden Händen an den Schultern und sah mir lange in die Augen.

»Dieses Mädchen ist immer noch viel zu verstört über das, was ihr widerfahren ist. Du musst große Geduld mit ihr haben. Warum hast du sie vorhin am Meer nicht von ihrem Leben erzählen lassen?«

Ich zuckte hilflos die Achseln. »Was nutzt es mir, wenn sie mir ihr Leben erzählt und das Einzige, was Titus an ihr für brauchbar hält, doch nicht preisgeben will?«

Marcus Sempronus schüttelte missbilligend den Kopf.

»Du tust ihr Unrecht, wenn du bei allem nur deinen Erfolg siehst. Lass sie von sich erzählen. Lass sie reden, reden und ihr Herz dabei öffnen. Lass sie erzählen, was ihr so sehr auf der Seele brennt. Lerne ihre Kindheit, Jugend, ihr Leben als Seherin kennen. Höre ihr bei allem gut zu! Lass sie sich im Reden wieder finden. Gib ihr die Möglichkeit, ihre Gedanken zu ordnen, ihr Leben und sich selbst unter unserem römischen Himmel neu zu sehen und zu beurteilen. Und wenn du Glück hast, mein Sohn, und ich glaube nicht falsch zu liegen, wenn ich vorhersage, dass es so kommen wird, dann erkennt sie auch, was für sie fortan am besten ist.«

»Du meinst wirklich . . .«

Mein Vater nickte. Er war sich seiner Sache

wirklich sicher. »Dein Glück, Marcus, liegt jetzt ausschließlich in ihrer Hand. Höre Veleda gut zu und es wird nicht zu deinem Schaden sein!«

Und so geschah es! Bereits am nächsten Tag ritten wir wieder hinaus ans Meer, wählten eine abgelegene Stelle aus und dort begann Veleda mir von ihrem Leben zu erzählen. Als hätte sich das Wasser endlich einen Weg durchs Erdreich bahnen können, so sprudelte es aus ihr heraus. Je länger ich ihr zuhörte, desto unglaublicher erschien mir, was sie sagte. Über die Germanen, verehrter Tacitus, haben wir doch bisher so gut wie nichts gewusst. Jedenfalls wurden mir dank Veleda die Augen über dieses angeblich so barbarische Volk ein für alle Mal geöffnet . . .

»Es geschehe, was bereitet ist!«

So soll meine Mutter Wilrun sich den Mächten ergebend am Tage meiner Geburt mehrmals laut geseufzt haben. Ich war ihr erstes Kind und sie wusste nicht, was auf sie zukam.

Als ich älter war, hörte ich sie häufig so reden – zumeist wenn sich Unglück über unseren Häuptern zusammenbraute. Unglück, das konnte Ärger mit Verwandten, mein mitunter streitsüchtiger Vater Mälo, aber auch Hagel oder lang anhaltende Schneefälle sein. Was auch geschah, immer fügte sich meine Mutter willig in den Lauf der Dinge, der den Menschen durch die dunkle Macht der drei Schicksalsgöttinnen Urd, Werdandi und Skuld auferlegt wird. An dem Tag, an dem ich Wilruns Körper verlassen sollte, wollte Mälo, der die Zeichen der Natur fürchtete wie kein Zweiter, etwas im Wald erledigen. Da begegnete ihm eine Wölfin, so riesengroß, dass er bis ins Mark hinein erschauderte. Das wilde schwarze Tier funkelte meinen Vater mit seinen gelblich roten Augen an, legte stolz den Kopf in den Nacken und heulte so laut und unheimlich, dass sich Mälo die Haare sträubten. Danach verschwand die Wölfin im Unterholz ohne meinen Vater noch eines Blickes zu würdigen.

Da wusste Mälo, dass an diesem Tag noch etwas Unheilvolles geschehen würde. Augenblicklich machte er sich auf den Weg zurück in unser Dorf, obwohl er ursprünglich vorgehabt hatte die jüngst gelegten Wildfallen zu überprüfen. Mälo war plötzlich in Sorge, denn die Zeichen der Götter, die unser aller Leben bestimmen, schienen seiner Sippe nicht wohlgesinnt.

Sunna, die Herrin des lichten Tages, hatte zwar ihre Strahlen durch Hels düsteren Schleier geschickt, aber die Göttin der Dunkelheit wollte an diesem Tag nur ganz allmählich weichen. Hel ist auch die Totengöttin und das

trübe Licht dieses Tages war nicht dazu angetan, jemanden heiter zu stimmen. Mälos
Schritte wurden fast unmerklich schneller, so
als könnte er nicht rasch genug in sein Haus zurückkehren. Endlich erreichte er die Grenzen
des Dorfes, wo er schon weithin in den Koben
und auf den Koppeln das Vieh rumoren hörte.
Auf dem ungepflasterten Weg zu seinem Haus
liefen ihm Hühner und Gänse über den Weg,
aber Mälo beachtete sie kaum. Im Gegenteil!
Noch ein wenig schneller lenkte er seine
Schritte zur Eingangstür, die weit offen stand.
Kurz bevor er über die Schwelle trat, bewegte
ein leichter Wind die Matten aus Flechtwerk,
die über den Windaugen hingen, rechts und
links neben dem Eingang. Mälo huschte in den
halbdunklen, lang gestreckten Raum hinein. In
der Mitte schwelte ein Feuer. Es spendete nur
wenig Licht, wärmte aber umso mehr. Mein Vater rieb sich die steif gefrorenen Hände.

In meiner Heimat ist es oft kalt, regnerisch,
neblig und das Land häufig von Eis und Schnee
überzogen. Deshalb zählen wir Germanen die
Jahre nach den Wintern, die wir glücklich über-
standen haben: jener Winter, in dem die Wolfs-
rudel so zahlreich wurden wie die Krähen am
Himmel. Oder jener Winter, in dem ein Bär, aus
seinem Schlaf gerissen, schwerfällig und brum-
mend bis ins Dorf hineintappte, wo er Balders
beste Rinder schlug.

Ich selbst sollte in jenem Winter geboren
werden, der so lang und hart gewesen war, dass

allenthalben Zweifel aufkamen, ob das Eis des Flusses überhaupt jemals wieder schmelzen würde.

Im Inneren seines Hauses ließ mein Vater Mälo seinen Blick prüfend in die Runde schweifen. Eine der Mägde näherte sich ihm demütig. Sie senkte ihren Blick zu Boden und teilte ihrem Herrn mit zaghafter Stimme mit, dass bei seiner Frau Wilrun am Morgen die Wehen eingesetzt hätten. Die heil- und kräuterkundigen Frauen des Dorfes standen meiner Mutter bei, war sie doch eine Erstgebärende, die alle Hilfe benötigte. Andere Mitglieder der Familie, Freie wie Unfreie, aber auch Menschen aus dem Dorf warteten geduldig im Hintergrund. Gedämpftes Gemurmel war zu hören. Mälo selbst schritt stumm und in sich gekehrt auf und ab. Dabei zuckten seine Mundwinkel unbeabsichtigt, seine Augen flackerten unruhig wie ein Licht, über das der Wind hinweghuscht. Niemand wagte es, den Herrn des Hauses und Fürsten der Sippe anzusprechen, aber es war nicht zu übersehen, dass er auf dem Weg hierher etwas erlebt hatte, was ihm nicht mehr aus dem Sinn gehen wollte. So abweisend und unruhig, wie sich Mälo verhielt, musste ihn das im Wald Gesehene heftig bedrängen. Doch Waluburg, die Hagedise oder Zauberin des Bärenstammes, trat zu ihm und blickte lange Zeit stumm und prüfend zu ihm auf.

»Mälo, höre mich an! Auch ich habe den warnenden Ruf der Wölfin noch in den Ohren. Und es will mir so wie dir darüber bald das Blut in den Adern gefrieren. Doch warte ab, Mälo, was weiter geschieht. Dann nimm ohne Murren an, was dir von Anfang an durch die Götter zugeteilt ist!«, ermahnte sie den Mann mit fast tonloser Stimme. Waluburg besaß unter anderem die Fähigkeit zu erfassen, was an weit entfernten Orten vor sich ging. Aber auch ihre Ahnungen erwiesen sich fast immer als richtig. Sie war eine sehr gute Ratgeberin. Ihre Mundwinkel zuckten und dann stieß sie hervor: »Ich spüre, dass du eine gesunde Tochter bekommen wirst.«

Da hellte sich Mälos versteinertes Gesicht ein wenig auf. Was er seit der Begegnung mit der Wölfin an Unheil vermutete, das ihm ins Haus stehen würde, konnte bei einer Tochter nicht ganz so arg ausfallen. Die Söhne sind es, die früh sterben, wenn sie im Kampf unterliegen. Söhne können feige sein oder ehrlos. Söhne können der Sippe schaden, Töchter dagegen kaum. Töchter werden verheiratet und ziehen ihr Lebtag nicht gegen Feinde in die Schlacht. Sie können einer Familie nur Schande bereiten, wenn sie sich vor ihrer Heirat unehrenhaft benehmen. So schien mein Vater nach Waluburgs Prophezeiung mit sich und der Welt schon wieder halb versöhnt.

»Eine Tochter, sagst du?«

Waluburg nickte. Ihre Mundwinkel verzogen sich zu einem leichten Schmunzeln.

»Die Blitze haben es mich wissen lassen.«

»Dann bin ich beruhigt!«

In diesem Augenblick schrie meine Mutter vor Schmerz auf. Alle Blicke richteten sich auf die junge Frau, die schweißgebadet und unter schrecklichem Wimmern die Frucht ihres Leibes aus sich herauspresste. So lag ich auf dem Fußboden unseres Hauses, der wie in allen Wohnstätten der Brukterer aus festgestampfter Erde bestand, auf der man Heu, vermischt mit duftenden Wiesenkräutern, gestreut hatte. Waluburg hob mich auf und legte mich meinem Vater auf die Knie. So ist es vorgegeben. So und nicht anders kommen in jeder germanischen Sippe die Kinder zur Welt. Anschließend wurde ich am ganzen Körper mit Wasser besprengt. Dann wollte man mir einen Namen geben und zur Festigung des Namens ein Geschenk. Wer nicht auf diese Weise ins Leben geführt wird, der gehört nicht zur Familie, darf sich keiner Sippe zugehörig fühlen.

Das Geschenk war der Schädel einer jungen Eule. Den hatte meine Mutter an dem Tag, als sie schwanger ward, außerhalb des Dorfes unter einer Eiche gefunden und an sich genommen.

Aber noch bevor mein Vater mir einen Namen geben konnte, unterbrach ihn Waluburg mit einem lauten freudigen Aufschrei. Mein Vater hielt erschrocken inne und starrte das Weib an, das die Zeremonie so frech unterbrochen hatte. Dabei verfinsterte sich sein Gesicht.

»Du unterbrichst mich, Alte? Und verhinderst so, dass ich meiner Tochter einen Namen gebe? Ohne Namen kann das Neugeborene jederzeit im Wald ausgesetzt werden. Den Wölfen und Bären zum Fraß. Willst du das etwa? Oder bist du jetzt von Sinnen?«

Aber Waluburg lächelte nur, schien ihn gar nicht richtig zu hören. Sie wusste genau, was sie tat. In ihren Augen, so beschrieben es später alle, die dabei gewesen waren, stand nichts als Freude und Glück. Feierlich hob sie ihre Rechte und deutete zum Ausgang des Hauses.

»Weder das eine noch das andere, Mälo. Eher glaub ich, dass du taub bist! Vernimmst du denn nicht das Ungeheure, was draußen geschieht?«

Nun vernahmen es alle im Haus und rissen vor Staunen die Augen weit auf. Mein Vater schluckte mehrmals heftig, so aufgeregt war auch er plötzlich.

»Der Hahn kräht«, stellte meine Tante Bernhild mit bebender Stimme fest. Dann fügte sie fassungslos hinzu: »Das Tier kräht am frühen Abend!«

»So ist es«, triumphierte Waluburg und bewegte sich langsam auf einem Bein tänzelnd um sich selbst. Das machte sie immer, wenn sie sich einer Sache ganz sicher war.

»Dies ist das zweite göttliche Zeichen, Mälo, dass du an diesem Tage erfährst. Solches Glück widerfährt den Menschen nur höchst selten, denn die Götter sind geizig. Zuerst begegnete dir die Wölfin im Wald. Da warst du betrübt,

41

weil das Tier nichts Gutes bedeutet. Doch genau in dem Augenblick, wo deine Tochter auf die Welt kam, begann der Hahn zu krähen. Das bedeutet Gutes, weil der Vogel mit den bunten Schwanzfedern den neuen Tag verheißt. Mir aber, Waluburg, Hagedise der Brukterer und Älteste des Stammes, verheißen beide Zeichen noch ein Drittes.«

»Verrat es uns, Waluburg!«, forderte mein Vater ungeduldig.

Waluburgs Augen glänzten vor Aufregung. »Deine Tochter, Mälo, Fürst der Bärensippe, soll keinen Namen erhalten wie du und ich. Deine Tochter wurde unter den Zeichen der Wölfin und des Hahns geboren. Das bedeutet bei den Göttern nur eines: Sie ist eine Seherin, dazu auserkoren, uns allen die Zukunft zu benennen. Ihre Zunge werden die Götter einst lenken und sie selbst wird nur Wahres von sich geben. Darum soll ihr einzig wirklicher Name Veleda sein.«

»Veleda«, murmelte mein Vater ergriffen. Seine Hand bedeckte kurz seine Augen. Sie waren feucht. Dann erhob er sich, ging rasch zum Feuer und starrte in die Flammen. Mälo musste diese Nachricht erst einmal verdauen. Aber er fasste sich schnell und sagte so laut, dass es alle Anwesenden verstanden: »So sei es denn! Es geschehe, was bereitet ist, wie meine Frau Wilrun so gerne ausruft.«

Dann ließ er meine kleinen Hände den Schädel der Eule berühren und gab mir den Namen, der mich zeitlebens als Seherin ausweist: »Du sollst Veleda heißen!«

Und alle Anwesenden riefen freudig aus: »Sei uns willkommen, Veleda!«

Erst danach wurde ich meiner Mutter an die Brust gelegt. Sie drückte mich an sich und küsste mir sanft aufs Köpfchen. Wilrun war erschöpft, aber glücklich. Nur meine Tante Bernhild runzelte ein wenig besorgt die Stirne. Sie bedrückte etwas. So schlich sie heimlich zu Waluburg, als diese abseits stand. Eine Frage quälte sie bereits die ganze Zeit über. »Wenn der Hahn Gutes verheißt, die Wölfin aber nicht, was hat das dann für dieses Mädchen zu bedeuten? Sie wird nicht nur im Glück leben, nicht wahr?«

»Du bist klug, Bernhild«, erwiderte die Hagedise anerkennend und leckte ihre Lippen. »Ich bin froh, dass mich vorhin niemand danach gefragt hat. Offensichtlich ist es nur dir allein aufgefallen.«

»Und was heißt es nun?«, drängte Bernhild. Waluburgs Augen blickten sehr ernst.

»Dass sie Glück voraussieht und Unglück. Dass sie Not schon von weitem auf uns zukommen sieht und Tod und Verderben. Aber auch Aufstieg und Sieg über unsere Feinde.«

»Und Veleda selbst?«

»Was ihr selbst an Leib und Seele zustößt, darf sie nicht erkennen wollen. Das ist ihr untersagt.«

»Und was bedeutet nun die Wölfin für ihr Leben?«

»Dass es für sie nicht gut enden wird. Besser wäre es für Veleda gewesen, wenn der Hahn sowohl am frühen Morgen gekräht hätte als auch bei ihrer Geburt. Besser wäre es auch für sie gewesen, wenn sie unter einem günstigen Blitz gezeugt worden wäre. Nun steht ihr am Ende ihres Lebens dieses riesengroße Tier im Weg. Es bedroht sie, in welcher Weise, das weiß ich nicht zu sagen. Ich deute allein das Zeichen. Die Wölfin, ein grauer, mächtiger Schatten, wer weiß, was er bringen wird?«

»Armes Mädchen!«, meinte Bernhild und betrachtete mich traurig, die ich geborgen an der Brust meiner Mutter schlummerte.

»Nenn sie nicht arm!«, entgegnete Waluburg. »So geschieht es mit allen Menschen! Sie kommen zur Welt und das Schicksal wird angezündet. Wie eine Fackel! Lichterloh brennend bis zur Neige.«

Veledas Stimme stockte. Die Seherin kehrte in die Gegenwart zurück und war wieder unweit von Pompeji am Meer. Sie konnte oder wollte nicht weitersprechen. Schweigend betrachtete ich ihr fein geschnittenes Gesicht. Die Germanin schien in Gedanken weit weg zu sein.

Schließlich brach ich mein Schweigen. Dabei vermied ich es, sie anzuschauen. Mein Blick folgte der geschwungenen Strandlinie, an der die Wellen langsam vor- und zurückliefen, als ich sagte: »Romulus und Remus wurden von einer Wölfin gesäugt. Sie sind die legendären Gründer Roms. Das große Rom und die Wölfin sind ein und dasselbe. Aber Rom wird dir nicht schaden wollen, so hoffe ich.«

Dann suchte ich wieder Veledas Blick, die meinen nur kurz erwiderte.

»Rom hat es längst getan, Centurio. Wenn Rom die Wölfin ist, dann hat es mich aus meinen Wäldern, meinem Dorf geraubt und hierher gebracht, um mich seinen Kindern zum Fraß vorzuwerfen.«

Ich schwieg, weil ich ihr nicht widersprechen konnte ohne sie zu belügen. Rom, die Wölfin, hatte sie gefangen. Daran war nichts zu beschönigen. Ich versuchte das Thema zu wechseln.

»Wenn du deinen Namen wie einen Titel bei deiner Geburt erhieltst, dann gleichst du unseren Haruspices, jenen Priestern, die die Zukunft aus den Eingeweiden der Opfertiere weissagen. Wir bezeichnen das als Augurium.«

»Nein!«, entgegnete Veleda entschieden. »Nicht aus Fremdem erfahre ich die Zukunft. Weder aus dem Flug der Vögel am Himmel noch aus dem Aufsteigen des Rauches noch aus der Leber des geschlachteten Tieres, sondern einzig und allein aus mir selbst heraus erkenne ich alles Zukünftige.«

Veleda verfiel erneut in Schweigen. Um sie wieder zum Sprechen zu bewegen lenkte ich das begonne Gespräch zurück auf ihre Vergangenheit. »Hat man dich sofort in einen Tempel gegeben um den Göttern zu dienen?«

Veleda stutzte einen Moment lang, doch dann zeigte sie sich ein wenig belustigt.

»Nein, Römer! Brukterer bauen keine Tempel so wie ihr. Keine Tempel aus Stein und wie für Riesen gemacht. Wir haben heilige Haine und Bäume, die wir verehren.« Sie hielt einen Moment inne, dann begann sie von neuem:

Runhold in großer Gefahr

Durch unser Land fließt die Lippe, die ihr Römer Lupia nennt und seit vielen Jahren für eure Schifffahrt nutzt. Das Haus meines Vaters steht in der Nähe dieses eher träge dahinfließenden Flusses. An seinen baum- und strauchbestandenen Ufern bin ich aufgewachsen. Hier habe ich als Kind mit anderen gespielt. Hier stand später auch mein Turm, in dem ich allein lebte. Das Haus meines Vaters ist bei weitem das größte in unserem Dorf, denn Mälo ist der Fürst unseres Stammes, die wir uns Brukterer nennen. Der Name meiner Sippe ist Bärensippe, weil wir Germanen unsere Sippen gern nach starken Tieren benennen.

Hier in Pompeji ist alles aus Stein erbaut. Staunend schaue ich zu den prunkvollen Häusern aus Marmor und Kalkstein auf, die an den eindrucksvollen Straßen liegen. Deine Stadt umgeben hohe, schier unüberwindliche Mauern. Acht Tore habe ich gezählt und zwölf dreistöckige Wachtürme. Dergleichen sah ich niemals in meinem Land, das äußerst wald- und sumpfreich ist und zahllose Flüsse und Seen besitzt. Das Land der Brukterer ist flach und weitläufig, mit vielen einsamen Gehöften, deren strohgedeckte Dächer fast bis zur Erde hinunterreichen. Wenn ich früher mein Dorf an der Lippe verließ, dann führte mich mein Weg schon bald an Feldern und Weiden, an Pferde- und Rinderkoppeln vorbei. Uralte Eichbäume mit knorrigen Ästen, durch die im Herbst heulend der Wind fegt, säumen die meisten Wege im Bruktererland. Aber unsere Pfade führen alle nicht sehr weit. Schon bald folgt dem Weide- und Grasland wieder der Wald wie eine hohe schweigende Mauer, grenzenlos, so weit das Auge reicht. Was wir an Weideflächen besitzen, haben wir dem Wald durch Brandrodungen abgerungen. Das Feuer schlägt eine Schneise in den Wald hinein, die wir dann nach und nach in Acker- oder Weideland umgestalten. Durch die Wälder verlaufen einige wenige Pfade, nicht breit genug um eure großen Wagen passieren zu lassen.

Auf unseren Dorfstraßen – Städte wie die Römer sie bauen, kennen wir nicht – ist es still und einsam, anders als hier, wo Menschen aus allen Ländern der Erde zusammentreffen. Mir scheint gar, dass in Pompeji einer die Sprache des anderen nicht verstehen kann, so viele verschiedene Zungen habe ich hier an den Ecken der Stadt durcheinander reden hören. Auch ist es fast immer warm in deinem Land, Marcus Sempronus. Bei mir daheim brechen schon bald die Herbststürme um die kargen und einfach gebauten Holzhäuser los und holen die letzten Blätter von den Bäumen. Bald danach wird der Winter kommen und Schnee und Eis mit sich bringen. Euch Römern sind unsere Wälder unheimlich. Ihr fürchtet sie, aber wir Germanen, wir ehren sie, denn die tiefen, menschenlosen Wälder sind uns heilig. Das Einzige, was ihr Römer an unseren Wäldern liebt, das sind die Tiere in ihnen: Luchs und Marder, Biber, Wolf und Fuchs, Bären nicht zu vergessen. Warum ihr sie begehrt, ist leicht zu erklären. Ihr wollt ihre Pelze um daraus wärmende Kleidung für die kalte Jahreszeit anzufertigen. Deshalb treiben viele Germanenstämme mit euch auch eifrig Handel. Sie stellen für euch Römer den wilden Tieren nach, weil ihr euch nur höchst widerwillig in unsere dichten und dunklen Wälder hineintraut.

Das hat man mir von euch Römern als Erstes erklärt, als ich noch ein Kind war. Dass ihr immer mehr Felle braucht, weil ihr immer zahlreicher werdet. Gewiss, ihr seid ein großes Volk. Ihr nennt uns »Germanen«, als ob wir ebenfalls so wie ihr alle eins wären. »Germani«, das bedeutet in eurer Sprache »Brüder«, nicht wahr? Brüder sind wir ganz sicherlich, Marcus Sempronus! Jede Sippe, jeder Stamm hält zusammen, wie Brüder es tun. Aber darüber hinaus sind wir kein Volk so wie ihr, sondern einzelne Stämme, die sich untereinander entweder befehden, miteinander Handel treiben oder verbündet sind.

Ein Zweites, das ich schon sehr früh über euch Römer erfuhr, war, dass ihr, obgleich viele Stämme mit euch Handel treiben, zugleich unsere Feinde seid. Ihr fordert Abgaben von uns und treibt sie auch gewaltsam ein, wenn sich jemand widersetzt. »Römer«, so wurde mir von meiner Mutter Wilrun warnend ans Herz gelegt, »sind aus einem weit entfernten Land nach Germanien einmarschiert um die hier lebenden Stämme zu unterwerfen. Darum nimm dich vor einem Römer immer in Acht.« Ich fand das immer recht merkwürdig. Einerseits betreibt ihr Handel mit uns, andererseits wollt ihr uns vernichten. Dann hörte ich meinen Vater in einer Versammlung, dem Thing, sich darüber empören, dass manche Stämme mit euch verbündet sind. Hilfsvölker nennt ihr sie, so als wären sie ohne euch nichts. Glaube jetzt nur nicht, Marcus Sempronus, dass ich als Mädchen zu einem Thing, an dem nur die Männer teilnehmen dürfen, eingeladen wurde. Ich habe aus dem Verborgenen heraus gelauscht und zugehört, was die Männer zu bereden hatten. Niemand hat mich bemerkt und nicht einmal meine Mutter, die ich über alles liebe, hat es jemals gewusst. Es hätte mich in Gefahr gebracht, weil Männersache nun einmal Männersache ist. Dabei haben Mädchen wie Frauen nichts zu suchen!

Aber seit den Tagen meiner Kindheit hat mich das Schicksal meines Stammes berührt. Ich wollte unter allen Umständen wissen, was vor sich ging. Nicht nur das, was die Götter uns zugestehen, sondern auch dasjenige, was jene Menschen planen, zu denen ich gehöre. So wurde mir schon früh vertraut, was Brukterer-sache war und was nicht, und ich habe mir mei-nen eigenen Vers auf alles gemacht, was ich auf diese Weise erfuhr.

Aber es ist nicht zu übersehen, du bist unge-duldig zu hören, was mit mir weiter geschah, Römer! Also gut, ich habe versprochen es dir zu erzählen und ich halte mein Wort. Mein Name Veleda beschreibt zugleich alles, was ich bin – etwa so, als würde bei euch ein Kind bei seiner Geburt »Poeta« genannt, weil man weiß, dass es einst ein großer Schriftsteller sein wird. Du kannst dir wohl vorstellen, dass schon mein Name den Brukterern Ehrfurcht einflößt. Als ich klein war, hatte ich damit keine Schwierig-keiten. Für die Kinder, mit denen ich spielte, be-deutete er nichts weiter als ein zwar ungewöhn-licher Name, aber sie verbanden mit ihm nicht das, was er bedenkt. Solange dies so war, lebte ich wie alle anderen Kinder auch. Ich spielte ihre Spiele, besaß die gleichen Spielzeuge wie sie, also Kreisel, Tier- und Menschenfiguren aus Holz, Muschelschalen und Schneckenhäu-ser oder kleine Goldringe, wie man sie Mäd-chen gern zum Geburtstag schenkt. Damals be-handelten mich die anderen nicht als etwas

Einzigartiges; erst als ich älter wurde, änderte sich das und es betrübte mich, weil es mich zugleich von ihnen absonderte. Für die Erwachsenen war ich von jeher Veleda, die Seherin. Selbst als ich noch nicht auf eigenen Beinen stehen oder richtig sprechen konnte, sahen sie in mir schon das zukünftige Orakel der Brukterer. Ich selbst habe lange Zeit nicht begriffen, was mein Name für mein Leben bedeutete. Die Augen der Seherin blieben viele Winter lang geschlossen und unzählige Male musste Sunna ihren großen feurigen Wagen über den Himmel schieben, bevor ich zur Veleda wurde.

An zwei Ereignisse aus jener Zeit kann ich mich jedoch noch gut erinnern. Zum einen kam Waluburg jedes Mal, wenn das Korn zu reifen begann, in unser Haus. Sie wollte vor allem mich sehen. Und sie richtete immer wieder ein und dieselbe Frage an mich: »Was hast du in der letzten Nacht geträumt?«

So erzählte ich der Hagedise den einen oder anderen Traum, den ich gehabt hatte. Jedes Mal hörte Waluburg ihn sich vom ersten bis zum letzten Satz aufmerksam an, um mir danach ins Gesicht zu schleudern: »Das ist es nicht, worauf ich warte, Veleda!«

Sogleich erhob sie sich und schlurfte hinaus ohne sich noch einmal nach mir umzuschauen.

Worauf mochte sie nur warten, fragte ich mich beunruhigt. Was wollte sie denn nur von mir hören?

Das zweite Ereignis traf mich völlig unerwartet. In einem Sommer, der sehr heiß war, führte der Fluss nur wenig Wasser. Damals spielten wir Kinder umso lieber an seinen Ufern, weil die Lippe fast so schmal wie ein Bach geworden war, auf dem kein Schiff mehr fahren konnte. Zum ersten Mal, so weit sich die Ältesten im Lande zurückerinnern konnten, konnte man die Lippe zu Fuß von einem zum anderen Ufer überqueren. Das Wasser reichte den Erwachsenen an manchen Stellen gerade bis zur Hüfte. An den meisten Stellen war es gar so niedrig, dass selbst wir Kinder meinten uns trauen zu können die Lippe zu überqueren. Jedenfalls prahlten wir damit, obwohl wir nach wie vor große Achtung vor dem Fluss hatten. Flache, breite Steine waren jetzt im Flussbett sichtbar, die man gut als Trittsteine benutzen konnte um dem gegenüberliegenden Ufer näher zu kommen.

Aber es gab noch eine Stelle, wo das Wasser stärker floss und uns den Weg hinüber versperrte. Niemand wusste, wie tief es hier war.

Mein knapp ein Jahr jüngerer Bruder Runhold aber wollte allen, auch den Erwachsenen, seinen Mut beweisen und ausgerechnet an dieser Stelle in den Fluss steigen!

»Ich fürchte mich nicht vor dem Wasser!«, rief er übermütig aus.

Er zählte damals ganze sieben Winter. Meine kleinen Schwestern Ima und Freya kauerten aufgeregt auf einem erhöhten Grasbuckel am Ufer, von dem aus sie alles sehr gut beobachten konnten.

»Tu es nicht, Runhold!«, flehte Ima. »Das Wasser ist bestimmt so tief wie Ginnungagap und wird dich verschlingen.«

Ginnungagap ist der endlose Schlund, in dem die Welt einstmals versinken wird, wie wir Germanen glauben. Ima übertrieb maßlos, aber ihr Bruder zeigte sich dennoch nicht beeindruckt.

»Dann werde ich eben durch das schreckliche Ginnungagap waten, kleine Schwester! Jeder fürchtet den gewaltigen Abgrund! Doch nichts kann mich aufhalten. Nicht einmal das grässliche Geheul des bärengroßen Fenriswolfes, das selbst die Eisriesen erschauern lässt!«

Runhold lief Gefahr, die Götter zu verspotten. Besorgt runzelte ich die Stirn. Ich war zwar noch ein Kind, aber ich wusste, dass er besser geschwiegen hätte. Ich begann mir Sorgen um Runhold zu machen. Wenn er so weiterredete, würde ihn die Strafe der verborgenen Mächte ereilen. Dessen war ich mir sicher. Mein Bruder war von jeher der Liebling meines Vaters gewesen. Bei uns Brukterern ist jeder Knabe dann besonders verheißungsvoll, wenn er sich im Haus als fauler Nichtstuer erweist. Und so rührte Runhold bei der täglichen Hausarbeit keinen Finger, weil er hoffte dadurch einst ein mutiger und starker Kämpfer zu werden. Auch hatte er sich vorgenommen mit zehn Wintern einen Mann zu erschlagen – vielleicht einen aus dem Stamm der Chaucen –, weil dies Mälo im gleichen Alter auch einst getan hatte.

Runhold eiferte dem Stammesfürsten in al-

lem nach. Und jetzt wollte er sich in diese Strömung stürzen! Meine jüngste Schwester Ima
zupfte nervös an einem Gänseblümchen und
biss sich die Lippen blutig. Ihr Gesicht war krei-
debleich. Ima ist eher still. Ich mag sie sehr. Sie
ist verletzlich wie eine Eisblume.

Die Lippe ist den Brukterern ein heiliger
Fluss. Wir ehren ihn nach jeder Eisschmelze
durch Opfer. Dabei bitten wir den Fluss inständig alle jene zu verschonen, die aus Unachtsamkeit in ihn hineinfallen und zu ertrinken dro-
hen. Und nun forderte Runhold diesen Fluss
dreist heraus! Noch einmal wandte sich mein
Bruder uns zu, verzog sein Gesicht zu einem
frechen Grinsen und sprang dann ohne Zögern
ins Wasser. Freya schrie entsetzt auf. Ima
wurde noch bleicher. Ich beobachtete nur starr,
was vor sich ging, jederzeit mit dem Schlimmsten rechnend. Mein Bruder ging sofort unter
und trieb ein wenig ab. Aber dann griffen seine
Hände die Spitze einer Baumwurzel, die ins
Wasser hineinragte. Seine Augen blitzten triumphierend. Die Lippe hatte ihn nicht wegtragen
können. Seine Füße schienen jetzt Halt am
Grund des Flusses gefunden zu haben. Runhold stand aufrecht, während das Wasser um
ihn herumströmte. Er wollte sich unter allen
Umständen als der Stärkere erweisen. Und es
schien ihm zu gelingen.

»Holt rasch Vater!«, rief er stolz aus.

»Nicht mehr nötig, mein Sohn!«, ließ sich
plötzlich die dröhnende Stimme Mälos im Hin-

tergrund vernehmen. Wir zuckten zusammen. Unser Vater war gekommen, nachdem sich herumgesprochen hatte, dass Runhold den Fluss versuchen wollte. Wir rechneten damit, dass er Runhold furchtbar schelten würde, doch es kam anders.

»Ich sehe und alle anderen haben ebenfalls Augen dafür im Kopf, was du wagst. Ich bekenne es laut und gern: Ich habe einen mutigen Sohn!«

Runhold reckte, so gut er es vermochte, seine nackte Brust stolz in die Höhe. Da erfasste ihn die Strömung erneut und riss ihn vom Ast los. Mein Bruder trieb hilflos mit dem Wasser davon, seine Arme ruderten heftig dagegen an. Ima heulte und Freya brach vor Aufregung Stöckchen entzwei. Aber erneut gelang es unserem Bruder, an einer etwas seichteren Stelle Halt zu finden.

Endlich wurde er so nahe ans gegenüberliegende Ufer gespült, dass er den Fluss verlassen und die Böschung hinaufklettern konnte. Erschöpft, aber siegreich winkte er uns von der anderen Seite aus zu.

»Runhold wird dereinst in meine Fußstapfen treten«, meinte Mälo anerkennend. »Ich erkenne in ihm Thimar wieder, meinen Vorfahren, der zusammen mit Arminius siegreich gegen die Römer gekämpft hat.«

Ich schaute zu meinem Vater hoch und freute mich für ihn, dass ihm sein erstgeborener Sohn keine Schande machte. In diesem Augenblick schrie Runhold erschrocken auf. Alle Blicke hefteten sich auf den Jungen. Was war passiert? Mein Bruder fasste sich mit schmerzverzogenem Gesicht ans Bein und sackte danach zusammen. Wie leblos lag er eine Weile, während wir fassungslos dastanden und nicht begriffen, was geschehen war.

»Was hat Runhold?«, rief Ima schluchzend aus. »Warum rührt er sich nicht mehr?«

»Warum ist er auch nicht bei uns geblieben!«, jammerte Freya.

»Hol sofort ein paar Männer!«, brüllte Mälo und deutete dabei auf Gutones, meinen Onkel und Bernhilds Ehemann. Der eilte augenblicklich zurück ins Dorf. Wenig später kam er mit sechs Männern zurück an den Fluss. Sie brachten Seile und Holzleitern mit. In Windeseile hatten sie daraus eine kleine Brücke gefertigt, die sie so nah wie möglich ans gegenüberliegende Ufer rückten. Danach stiegen sie behände darüber hinweg und gelangten mit einem kleinen Sprung auf die andere Flussseite.

Ich hatte Runhold die ganze Zeit nicht aus den Augen gelassen. Wodan sei Dank! Er war also nicht tot, schien aber ernsthaft verletzt zu sein. Was war nur geschehen? Dann hörten wir die Männer rufen.

»Eine Schlange hat ihn gebissen. Er ist in großer Gefahr.«

»So bringt ihn doch endlich zu uns herüber!«, donnerte ihnen die Stimme meines Vaters entgegen.

Vorsichtig trugen die Männer Runhold über die schwankende Brücke.

»Schafft ihn in mein Haus!«, befahl Mälo. Und zu mir gewandt: »Geh und hol Waluburg. Sie wird wissen, wie wir Runhold von dem Biss der schwarzen Schlange heilen können.«

Ich wurde leichenblass. Ausgerechnet auch noch eine schwarze Schlange, die ohnehin Unglück bedeutet. Mein Vater bemerkte es und blitzte mich wütend an.

»Bist du taub, Tochter, oder warum rennst du noch nicht so geschwind los wie ein Wiesel?«

»Wawawaluburg!«, stotterte ich aufgeregt.

Mein Vater wurde noch ungeduldiger. Auf seiner Stirn schwoll augenblicklich seine berüchtigte Zornesader an.

»Was plapperst du da? Hast du etwa vom Met getrunken? Siehst du denn nicht, dass dein Bruder in großer Gefahr schwebt? Lauf, was deine Beine hergeben, zu Waluburg oder du sollst mich fürchten lernen!«

»Neinein, Vater! Ich will dir doch nur sagen . . . Waluburg . . . Sie ist nicht im Dorf, sondern zum Heiligtum der Göttin gegangen.«

Er stand da wie vom Donner gerührt.

»Du meinst, sie ist jetzt bei den Marsen? Vier Tagesreisen entfernt?«

Ich schluckte heftig und nickte.

»Ja, sie hatte mir vor ihrer Abreise ausrichten lassen, dass sie der Göttin Tamfana opfern wolle, damit wir eine gute Ernte und keinen allzu strengen Winter bekommen.«

Mälos Augen weiteten sich. Er schien in sich zusammenzusacken. Mein Vater war sprachlos. Sein Gesicht wurde weiß wie frisch gefallener Schnee.

»Dir ist klar, was das bedeutet, Veleda, obwohl du noch so jung bist!«

Es klang drohend.

Ich schwieg. Und wusste nur zu gut, Runhold würde sterben, weil nur Waluburg, die Hagedise des Dorfes, ihn hätte retten können.

»So lass uns geschlagen heimkehren!«, sagte mein Vater mit rauer Stimme. Bedrückt schlich ich hinter ihm her. Wenn sein geliebter Sohn Runhold jetzt zu Hel ging, ins Reich der Schatten, so würde es meinem Vater vermutlich das Herz brechen. Wir waren so schrecklich hilflos. Die Götter hatten furchtbar gegen uns entschieden.

Ein geheimnisvoller Traum

Sie trugen Runhold schweigend in unser Haus. Meine Mutter, blass und hohlwangig, sagte kein einziges Wort, als die Männer ihren fast regungslosen Sohn auf das Lager aus Stroh niederließen. Ihre Hände zitterten, als sie langsam seine Stirn betastete. »Er glüht wie ein Stein, der im Feuer liegt«, murmelte sie entsetzt.

Die Frauen im Haus holten feuchtes Leinen um es um Runholds Gelenke zu wickeln. Aber wir alle wussten, dass der Biss der schwarzen Schlange sich nicht durch kühle Tücher schrecken ließ.

»Einen jungen Baum soll man aufziehen, einen alten fällen«, sagte mein Vater fast tonlos. Er war bis ins Mark erschüttert. »Doch hier«, fuhr er fort, »wird ein ganz junger gefällt, kaum der Erde entsprossen.«

Für Mälo war es ein grausames Los, sollte ihm Runhold genommen werden. Auch ich fühlte mich elend und todtraurig. Mein Vater wandte sich resigniert von dem Kranken ab und verkroch sich in eine dunkle Ecke des Hauses. Er wollte mit sich allein sein. Ich sah noch, wie seine starken Hände den Knauf seines Schwertes umfassten. Wenn er es doch vermocht hätte, das Böse, das im Körper seines Sohnes wütete, mit der scharfen Schneide seiner Waffe zu töten! Kein Feind wäre Mälo zu mächtig gewesen, dass er sich nicht mit ihm angelegt hätte. Aber gegen das Gift, dem Runhold zum Opfer fallen würde, war jeder Waffengang zwecklos. Ich kauerte mich in Runholds Nähe am Boden nieder und legte traurig meinen Kopf auf die Knie.

Das Heiligtum der Göttin Tamfana genießt bei den Stämmen an der Lippe großes Ansehen.

Unsere Nachbarn, die Tenkterer und Tubanten, aber auch die Gambrivier verehren Tamfana, die die Schutzgöttin der Marsen ist. Mit all diesen Stämmen sind die Brukterer befreundet. Wir haben uns gegenseitig einen heiligen Eid geschworen, einander zu helfen, sobald ein Stamm angegriffen wird. Dabei stehen wir alle unter Tamfanas mächtigem Schutz. Zu ihrem Heiligtum war Waluburg, wie in jedem Sommer, geeilt. Denn die Hagedise der Bärensippe betrachtete sich nach wie vor als Tamfanas Priesterin, auch wenn sie in ihrem Heiligtum keinerlei Dienst mehr verrichtete.

Wäre ich doch nur ein Vogel und könnte über alle Hindernisse hinweg zu ihr fliegen, dachte ich traurig. Wäre ich so flink wie ein Hase! Aber vielleicht half es ja, wenn ich nur heftig genug wünschte, dass Waluburg zu uns ins Dorf zurückkehrte? In Gedanken trug ich diesen Wunsch immer und immer wieder an sie, die weit in der Ferne weilte, heran.

Komm zu uns zurück, Waluburg! Verweile nicht länger bei den Marsen! Tamfana hat genug Priesterinnen! Wir aber brauchen dich hier im Dorf! Runhold stirbt, wenn du nicht bald kommst. So eile rasch herbei, damit du ihn noch retten kannst!

Während ich so inständig flehte, warf sich mein Bruder auf seinem Lager mit glühenden Wangen hin und her. Er schwitzte stark und murmelte etwas von reißenden Strömen, die alles wegfegten, was sich ihnen in den Weg stellte. Es war furchtbar. Wir konnten nichts für ihn tun. Nur dasitzen und abwarten, bis Hel dem Jungen seinen letzten Atem aus der kranken Brust gepresst haben würde. Aber ich ließ nicht nach, nach Waluburg zu rufen: »Komme zu uns, Waluburg! Höre mein Flehen! Oh, mächtige Tamfana, lass deine Dienerin erkennen, was Not tut. Runhold ist verloren ohne dich. Kehre um und eile zurück zu deiner Sippe!«

Irgendwann sank ich völlig erschöpft in tiefen Schlaf. Aber mir schien, dass ich selbst noch im Traum unablässig nach Waluburg rief – so wie ein Ertrinkender nach möglicher Rettung. Und plötzlich geschah es. Ich sah Waluburg vor mir und es war, als stünde sie leibhaft in unserem Haus. Die alte Hagedise lächelte kurz, dann blickten mich ihre eisgrauen Augen durchdringend an. Sie gab mir Anweisungen, ein ganz bestimmtes Kraut im Eichenhain zu pflücken. Aber ich dürfte es nur mit dem kleinen Finger der rechten Hand ausreißen. Dieses Kraut sollte ich Runhold zusammen mit heißem Wasser einflößen und dabei die Göttin Tamfana anflehen ihn nicht für immer zu Hel zu schicken.

»Aber achte darauf, Veleda«, vernahm ich Waluburgs mahnende Stimme, »dass du deinem Bruder bei allem, was du tust, niemals den Rücken zukehrst. Wenn du ihn verlässt, behalte ihn im Auge. Drehst du dich aber um, so kehrt sich auch der Zauber von ihm ab.«

Jäh wachte ich auf. Ich kauerte noch immer

am Boden, wo ich mich niedergelassen hatte. Hatte ich geträumt? Ja, versicherte ich mir. Von Waluburg. Ich hatte sie leibhaftig vor mir gesehen. Was sollte ich jetzt machen? Da entdeckte mich meine Mutter. Sie schien bemerkt zu haben, dass mich irgendetwas sehr beschäftigte.

»Was hast du geträumt, Veleda?«

Ich starrte sie überrascht an.

»Von der Hagedise«, kam es über meine Lippen. Ich war selbst erstaunt, dass ich es so offen aussprach.

Meine Mutter sprang auf und eilte zu mir.

»Wodan sei Dank!«, stieß sie hervor. »Rasch, sage mir, was Waluburg dir mitgeteilt hat.«

»Ich soll im Eichenhain ein Kraut für Runhold pflücken.«

»Welches Kraut?«

Ich zuckte hilflos die Achseln.

»Was weiß ich? Ich kenne seinen Namen nicht.«

Jetzt stürzte auch noch Mälo herbei. Die Klinge seines Schwertes blitzte im Feuerschein auf. Neugierig beugte sich mein Vater zu mir herab. Er schien mitbekommen zu haben, dass ich einen ungewöhnlichen Traum gehabt hatte. Wilrun wechselte kurz mit ihm ein paar Sätze.

Mälo fragte mich sanft: »Wie sah dieses Kraut im Eichenhain aus, Veleda?«

»Ich, ich werde es bestimmt wieder erkennen, wenn ich davor stehe«, versicherte ich.

Mein Vater zog mich vom Boden hoch.

»Na, dann hinaus mit dir, meine Tochter! Wir gehen es auf der Stelle suchen!«

Draußen war es stockdunkel. Man sah nicht die Hand vor Augen. Mälo nahm eine Fackel mit. Zusammen mit meinem Vater und meiner Mutter zog ich zum Eichenhain. Mir war nicht wohl bei der Sache. Ich wusste nicht, ob ich das Kraut wirklich finden würde. Doch meine Eltern setzten ihr ganzes Vertrauen in mich. Mir war speiübel. Ich schwitzte am ganzen Körper, obwohl die Nacht angenehm kühl war. Was, wenn ich sie enttäuschte? Was, wenn ich Hoffnungen in ihnen geweckt hatte, die ich nicht erfüllen konnte? Was, wenn wir hier umherirrten, uns am Ende die Knöchel verstauchten oder Schlimmeres, und es kam nichts dabei heraus? Waluburg, hilf mir!, flehte ich innerlich. Waluburg, lenke meine Schritte! Hagedise, steh mir bei!

Doch es sollte einmal mehr geschehen, was bereitet war! Als wir uns dem Hain näherten, meinte ich mich plötzlich an eine bestimmte Stelle zu erinnern, die mir Waluburg im Traum gewiesen hatte.

»Dort hinten ist es! Beim Felsen neben der Donarseiche«, sagte ich ohne Zögern, nachdem Mälo seine Fackel hoch in die Luft gehoben hatte um einen weiten Umkreis auszuleuchten. »Ich wusste, du wirst es finden, Veleda«, sagte meine Mutter anerkennend.

Ich zuckte verlegen die Achseln. Mir kam dies alles weitaus wundersamer vor als meinen Eltern. Ich entdeckte das Kraut am Fuße des großen Felsens. Später nannte mir Waluburg seinen Namen: Bilse. Ich pflückte die Bilse wie vorgeschrieben vorsichtig mit dem kleinen Finger meiner rechten Hand. Alles wurde so von mir getan, wie mich die Hagedise im Traum angewiesen hatte.

»Und, Veleda? Konntest du deinen Bruder vor dem Tod bewahren?«, fragte ich.

Meine Gefangene schüttelte sich, als erwachte sie aus einem langen Traum. Seevögel schrien in der Ferne und das Licht der Sonne warf lange silberne Fäden auf das Meer.

»Aber sicher! Runhold wurde gerettet. Das Kraut besiegte den gefährlichen Biss der Schlange. Ein paar Tage später war mein Bruder wieder auf den Beinen und forderte erneut die Kräfte, die uns alle umgeben, heraus. Er benahm sich ganz so, als hätte es die Gefahr, in der er noch vor kurzem geschwebt hatte, nie gegeben. Runhold eben. Mälos Stolz und Leben!«

»Was hat dein Vater denn dazu gesagt, dass du ihm seinen Sohn zurückgegeben hast?«

Veleda schaute mich erstaunt an. Dann schüttelte sie den Kopf: »Nein! Nein! Nicht ich habe Runholds Leben gerettet, sondern die mächtigen Götter ließen es zu, dass ich ihm helfen konnte. Sie sind es, die mich ihre Wege ab und zu erkennen lassen, so dass ich voraussagen und eingreifen kann. Nicht anders sah es auch mein Vater damals. Für ihn war nur eines wichtig: Runholds Tod durch den Biss eines Tieres wäre ein unwürdiger, weil ruhmloser Tod gewesen. Mälo sagte damals etwas, was ich niemals mehr vergessen werde: ›Reichtum stirbt, Familien sterben, du selbst stirbst wie sie; doch eines weiß ich, das niemals stirbt – das Urteil über eines Mannes Tod.‹«

Veleda machte eine Atempause. Dann fuhr sie fort. »Dies ist die Erwartung, wie sie ein Germane, ein Krieger an sein Leben hat!«

Ich nickte bedächtig, hob einen Kiesel auf und warf ihn ins nahe Wasser. Ohne Veleda anzusehen fragte ich: »Und was geschah mit dir?«

Veledas Augen begannen zu leuchten.

»Erwachen, nichts als Erwachen!«

Meine Augenbrauen zogen sich zusammen. Ich starrte das Mädchen an, begriff nicht, was sie meinte.

Veleda bemerkte mein Unverständnis und lächelte ein wenig. Dann fuhr sie fort:

Wenige Zeit später kehrte Waluburg ins Dorf zurück. Sie wusste längst, was vorgefallen war. So kam die Hagedise zu mir und blickte mich lange an. Dabei ergriff sie meine Hände.

»Veleda!«, sagte sie ernst. Mehr nicht. Aber ich fühlte etwas dabei. Etwas Unbekanntes, zugleich Schönes und eine Gewissheit. Denn urplötzlich erkannte ich, dass sie meinen Namen als das aussprach, was er bezeichnet. Ich fröstelte. Nun war die Zeit gekommen und die Augen der Seherin hatten sich geöffnet. Ich war erwacht. Aber ich musste noch sehr viel lernen. Vor allem, wie ich mit meiner Kraft umgehen sollte. Doch Waluburg kam zu mir und unterwies mich. Allein wäre ich niemals dahin gekommen.

Nur Männer jagen, Mädchen nicht!

Bevor ich aber von meiner Unterweisung durch die Hagedise berichte, muss ich erst von Ganna erzählen. Wenn ich hier in der Fremde jemanden schrecklich vermisse, dann ist es Ganna. Ganna ist meine beste Freundin, oder besser gesagt: Sie war es. Ich wollte immer wie Ganna sein, denn Ganna ist mutig wie ein Krieger, flink wie ein Fisch im klaren Wasser, wenn man ihn greifen will, und so schön, dass es jedem Mann den Atem verschlägt. Ganna ist die älteste Tochter meiner Tante Bernhild. Sie ist zwei Winter älter als ich und wir haben uns von Anfang an gemocht. Wenn ihr Römer statt mir Ganna, wie ich sie kannte, bevor ihr das Schreckliche zustieß, nach Pompeji verschleppt hättet . . . Also, Marcus Sempronus, ich lege meine Hand dafür ins Feuer, Ganna hätte sich getraut allein durch tiefe Wälder, einsame Ebenen und über die Alpen hinweg an die heimische Lippe zurückzukehren, selbst wenn sie dafür Wodan weiß wie lange unterwegs gewesen wäre. Ganna hätte sich nicht einsperren lassen. Sie wäre bei der ersten sich bietenden Gelegenheit geflohen. Allerdings vermöchte sie das jetzt auch nicht mehr. Aber das ist eine andere, eher düstere Geschichte . . .

Doch von Anfang an! Ganna und ich haben schon immer zusammen gespielt. Wir sind zusammen aufgewachsen wie Schwestern. Wir haben sogar – wie es die Männer zweier Stämme tun, wenn sie sich gegen einen gemeinsamen Feind verbünden – unseren Speichel ausgetauscht. Das war Gannas verrückte Idee gewesen. Nach einem ganz bestimmten Ereignis. Damals zählte ich nach eurer Zählweise zehn Jahre, meine Freundin zwölf. Überhaupt ist es Ganna gewesen, die mich dazu verleitete, die geheimen Versammlungen der Männer zu belauschen, wenn sie hin und wieder abends unter dem großen Eichbaum am Stichlingsbach zusammenhockten um wichtige Dinge, die das Dorf betrafen, zu bereden. Ganna wäre zu gerne als Mann geboren worden, weil sie statt zu weben lieber das Schwert führen, statt zu kochen lieber die Lanze werfen wollte.

An einem Abend, als sich die warmen Nächte schon beinahe den kälteren gebeugt hatten, hatte sie wieder einmal ein Gespräch belauscht, bei dem es um die Eberjagd ging. Aufgeregt suchte sie mich wenig später bei unserem Haus auf. Ich kauerte mit angezogenen Beinen auf einer Bank.

»Veleda! Höre nur, was ich in Erfahrung gebracht habe! Gutones, Olwin, Wido und zwei weitere wollen auf die Jagd gehen. Heute Nacht noch, denn Manis Scheibe scheint voll und rund. Sie wollen den großen Eber jagen, den Mälo vor einigen Tagen im Dickicht hat grunzen hören. Wido will Runhold mitnehmen, obwohl dein Bruder doch noch so jung ist.«

Das Letzte betonte sie so eigenartig, dass es seine Wirkung auf mich nicht verfehlen konnte. Entsetzt blickte ich zu ihr hoch. Wie die Göttin Wara, die Eidbrüchige grausam bestraft, so stand sie vor mir.

Gannas Haare sind blond wie Flachs. Damals reichten ihre zwei dicken Zöpfe ihr bis zu den Pobacken hinunter. Weil sie sich wie die Jungen frühmorgens auf dem Feld im Werfen von kindskopfgroßen Steinen übte, hatte sie stärkere Arme als jedes andere Mädchen. Ich wusste genau, dass sie plante mich um jeden Preis mitzunehmen, aber meine einzige Sorge galt Runhold. Seit er nicht ins Totenreich zu Hel gehen musste, wachte ich über meinen Bruder fast so streng wie eine Mutter.

»Du sagst, sie wollen Runhold mit dabeihaben?«

Ganna nickte ungerührt.

»Ja, stell dir das vor!«

Ihre Augen leuchteten. Sie hatte mich bereits so fest umschnürt wie eine Spinne ihr Opfer.

»Ich meine, gerade deshalb sollten wir uns die Jagd einmal aus der Nähe anschauen. Es könnte gefährlich für deinen kleinen Bruder werden.«

Ich schluckte heftig. »Aber wie sollen wir das anstellen? Es ist dunkel im Wald. Nur die Männer haben Fackeln dabei. Wir müssen uns vor ihnen versteckt halten und uns außerdem noch vor dem Eber in Acht nehmen.«

Ganna winkte ab.

»Pah! Ich nehme mein großes Messer mit. Und einen Speer. Ich kenne den Wald an jeder Stelle um unser Dorf herum so gut wie das Haus, in dem ich wohne. Wenn du nur immer dicht bei mir bleibst, Veleda, dann passiert dir schon nichts. Vor allem solltest du Runhold im Auge behalten.«

Sie wusste, dass sie mich damit für ihr wahnwitziges Abenteuer gewann. Warum nur hatte ich ausgerechnet eine Freundin, die sich für Männerkram interessierte, seufzte ich insgeheim.

»Nun gut, Ganna. Ich begleite dich. Aber wohl ist mir bei dieser Sache nicht.«

Aber solche Einwände ließ sie nicht gelten. Wie gern wäre sie selbst mit auf die Jagd gegangen, aber das blieb einzig den Männern vorbehalten. So wollte sie wenigstens zuschauen dürfen.

Am späten Abend brachen die Männer zur Saujagd in den Wald auf. Es war Vollmond, so dass man zwischen den Stämmen einigermaßen gut seine Umgebung erkennen konnte. Wido führte den kleinen Trupp an. Jeder der Männer trug einen großen Ger, einen Wurfspieß, der schreckliche Wunden hinterlässt, wenn er in einen Leib eindringt. Ganna und ich hefteten uns unbemerkt an ihre Fersen. Meine Freundin wollte vor allem beweisen, dass sie den Männern folgen konnte ohne von ihnen bemerkt zu werden. Dazu brauchte sie mich als Zeugin.

Wido und die anderen stiegen immer tiefer in den Wald hinein. Mitunter war es stockdunkel, aber wir sahen die Fackeln der Männer, so dass wir die Jäger im dichten Unterholz nicht verlieren konnten. Wido hielt an einer Stelle, an der das Erdreich ziemlich aufgewühlt war.

»Hier wechseln sie von einer Seite zur anderen«, hörten wir ihn sagen.

Vermutlich meinte er die Wildschweine.

Dann legten sich die Männer und Runhold ganz in der Nähe des Wechsels auf die Lauer und warteten gespannt. Ihre Fackeln löschten sie der Reihe nach aus.

»Mani spendet uns gutes Licht«, erklärte Ganna leise. »Schweine jagt man nur bei Vollmond!«

»Warum?«, fragte ich.

»Na, weil man sie dann besser sehen kann!«

Darüber hatte ich mir noch nie Gedanken gemacht und ich fragte mich, ob ich das auch wirklich musste. Die Jagd war reine Männersache. Mich beschäftigte nur, wie es Runhold dabei ergehen mochte. Sie hatten ihm einen Speer gegeben. Ich war besorgt. Ganna schien meine Nöte erraten zu haben.

»Runholds Speer wiegt nicht sehr viel. Damit kann er höchstens einen Hasen erlegen, aber keinen ausgewachsenen Eber. Ich hoffe nur . . .«

Plötzlich knackte es verdächtig im Unterholz. Ganna unterbrach hastig ihren Satz.

»Was hoffst du?«, fragte ich ungeduldig, weil ich nur zu gut fühlte, dass es für Runhold wichtig sein könnte. Aber Ganna stieß mich derb in die Seite.

»Still jetzt! Ich glaube, es geht los.«

Das gefiel mir überhaupt nicht. Nur zu gern hätte ich gewusst, was sie mir verschwieg.

Gannas Vermutung erwies sich als richtig. Die Jagd begann. Zuerst zog eine Bache mit ihren quiekenden Frischlingen vorbei. Es folgte eine Rotte von vier Wildschweinen, vermutlich Jungtiere. Wenig später knackte es erneut bedrohlich im Gebüsch, und zwar ganz in unserer Nähe. Ängstlich rückte ich an Ganna heran. Doch sie schob mich sanft beiseite. Dann legte sie ihren Finger auf die Lippen und zeigte stumm auf den Speer, der griffbereit neben ihr ruhte. Ich fühlte, wie sehr sich die Freundin danach sehnte, den großen Eber zu erlegen. Ganna spannte ihre Muskeln. Auch die Männer drüben schienen den Atem anzuhalten.

Auf einmal zeigte sich ein großer Keiler mit mächtigen Hauern auf dem Wildpfad. Das Tier wirkte bedrohlich. Es war sicherlich so schwer wie meine Mutter und Runhold zusammen. Am liebsten hätte ich mich tief ins Erdreich gegraben. Die kleinen Augen des Tieres funkelten böse im Licht des Mondes. Ich meinte zu spüren, dass der Keiler unsere Anwesenheit bemerkt hatte. Dann schossen sirrend zwei Pfeile durch die Luft. Beide trafen das Tier am Rücken und reizten es. Wütend fuhr der Eber herum um nach dem verborgenen Gegner Ausschau zu halten. In diesem Moment, Wodan allein wird wissen, was ihn dazu getrieben haben mag, meinte Runhold die Jagd mitentscheiden zu müssen. Mein Bruder verließ seine Deckung und schleuderte seinen Speer auf den grimmig schnaubenden Keiler. Die Spitze traf seinen borstigen Nacken und glitt ab wie an einem Panzer.

»Das habe ich befürchtet«, knurrte Ganna neben mir. »Wenn er sich jetzt nicht rasch aus dem Staube macht, wird ihn das Schwein niedertrampeln.«

»Was? Was sagst du da?«, schrie ich entsetzt auf.

Damit aber hatte ich uns verraten. Und schon überschlugen sich die Ereignisse. Auch der Keiler wurde jetzt noch ein wenig aufgebrachter, grunzte und schnaubte böse, spürte er doch Feinde von allen Seiten, die ihm nach dem Leben trachteten. Aber nur einen konnte er ausmachen, nämlich Runhold. Ihn wollte er deshalb angreifen. So raste er plötzlich auf meinen Bruder zu. Mein Herz pochte wie wild. Ich sah, was passierte, und konnte dennoch nichts dagegen tun. Runhold erkannte endlich die Gefahr, in der er schwebte, und versuchte davonzurennen. Zu spät. Das Tier hatte ihn fast erreicht. Aber Ganna war längst aufgesprungen und Runhold entgegengeeilt. Warum Wido, Gutones und die anderen nichts unternahmen, wird mir ewig ein Rätsel bleiben. Vermutlich hatten sie die Situation falsch eingeschätzt. Zum Kampf bereit schoss Ganna auf den Keiler zu, dessen Hauer gefährlich im Mondlicht blitzten. Runhold blieb mit dem linken Fuß in einer Wurzel hängen und stürzte zu Boden. Dann schleuderte Ganna endlich ihren Speer auf das Tier. Er drang tief in seinen schwarzen Leib ein. Der Keiler stolperte über seine eigenen Beine und blieb wenige Schritte von Runhold entfernt schwer verletzt auf der Seite liegen. Er schnaubte wütend und seine vier Beine traten heftig nach unsichtbaren Gegnern, die er überall vermuten musste. Jetzt endlich hatten sich die Männer aus ihrer Starre befreit und versetzten dem Tier den Todesstoß.

Ganna eilte sofort zu mir zurück. »Komm jetzt. Wir müssen schnell ins Dorf zurückkehren, bevor sie uns auf die Schliche kommen.«

Ich zögerte. Meine Augen suchten meinen Bruder, der noch immer am Boden lag. Ganna versuchte mich zu beruhigen.

»Runhold ist wohlauf. Ihm ist nichts passiert, glaube mir. Sie kümmern sich bestimmt um ihn.«

Sie zog mich hastig vom Boden hoch. Hand in Hand stolperten wir mehr schlecht als recht aus dem dunklen Wald heraus und erreichten unbemerkt unser Dorf.

Kurz bevor wir die ersten Hütten sahen, hielt mich Ganna am Gewand fest. »Das war die schönste Jagd, die ich je erlebt habe. Und ich habe einen mächtigen Keiler erlegt«, jubelte sie.

Ich starrte sie an wie einen Totengeist.

»Das fandest du auch noch gut? Ich bin nur froh, dass es vorbei ist. Den Göttern gebührt Dank dafür, dass sie dich Runhold das Leben retten ließen. Ich habe die ganze Zeit über gezittert wie Espenlaub vor Angst.«

Ganna winkte ab. »Angst ist was für Schwächlinge! So etwas ist mir fremd! Doch ohne dich, Veleda, hätte ich nicht so viel Glück gehabt. Du bist wirklich wie eine Schwester für mich und deshalb müssen wir es genauso machen wie die Männer, wenn sie beschließen für immer ihre Waffen miteinander und niemals gegeneinander zu führen.«

»Was meinst du damit?«, fragte ich verwirrt.

Sie lächelte breit, spuckte mehrmals in ihre Hände und blickte mich aufmunternd an.

»Trink das! Es wird uns ein Leben lang verbinden und stark machen.«

Ich verzog angewidert das Gesicht.

»Ist das dein Ernst?«

Sie nickte.

»Aber ja! Nicht anders machen es die Krie-

74

ger. Ich habe es selbst gesehen. Schluck du meine Spucke herunter und ich werde deine trinken. Einverstanden?«

Ich wollte Ganna nicht enttäuschen und so tat ich, was sie von mir verlangte.

»Und jetzt ich!«, forderte sie mich schon fast ungeduldig auf.

Anschließend strahlte sie mich glücklich an.

»Nun gehören wir für immer zusammen. Nichts kann uns jemals trennen!«

Im Dorf haben sie sich am darauf folgenden Tag freudig über den erlegten Eber hergemacht. Sein massiger Leib wurde am Spieß gebraten, bis die Schwarte dunkelbraun und knusprig war, und danach von allen mit fettverschmierten Fingern gierig verzehrt. Meine Befürchtungen, die Jäger könnten zuletzt doch noch dahinter kommen, dass Ganna und ich ihnen gefolgt waren und beinahe alles verdorben hatten, bestätigten sich nicht. Zwar blieb es Wido, Gutones und den anderen ein Rätsel, wer den Speer so treffsicher geschleudert haben mochte, aber sie schienen nicht weiter nachzuforschen. Allerdings hatte ich die ganze Zeit das Gefühl, dass mich mein Onkel Gutones nach dieser Jagd noch tagelang ein wenig merkwürdig musterte. Gesagt hat er aber nichts zu mir und vielleicht täusche ich mich ja auch.

Einer allerdings war mein nächtlicher Ausflug keineswegs verborgen geblieben und sie sagte es mir auf den Kopf zu.

»Du solltest nicht wie ein Mann in den Wald gehen um zu jagen, Veleda. Auch wenn Ganna meint, dass ihr dies zustünde, so ist sie doch im Unrecht. Und es wird sich noch bitter rächen, dass sie nicht davon ablassen will. Du jedoch, Veleda, halte dich in Zukunft von solcherlei fern. Deine Aufgabe ist einzig das Wohl des Stammes. Du bist jetzt fast alt genug um zu lernen, was es heißt, eine Seherin zu sein. Ich werde dich rufen, Veleda. Von da an wirst du nur noch dorthin gehen, wohin ich dich schicken werde. Und unterstehe dich etwas anderes tun zu wollen!«

Beschämt schlug ich meine Augen nieder. Waluburg hatte mich durchschaut. Ich hoffte nur, sie würde nicht meinem Vater davon erzählen. Mälo würde mich sicherlich schlagen, wenn er erführe, dass ich die Männer bei der Jagd beobachtet hatte.

»Wann wird es so weit sein, Waluburg, dass du mich holen kommst?«, fragte ich die Hagedise.

Ihr Blick blieb unerbittlich, als sie mir antwortete: »Schon bald, Mädchen! Die Blitze werden mir ein Zeichen geben!«

Dann schlurfte sie davon und mein Magen krampfte sich zusammen.

Eine große Weissagung

Am Ende des Winters, in dem Runhold träumte, er wäre ein Eisriese, starb Gunnar, der einstmals so mächtige König der Cherusker. Man sagt, er habe ahnungslos einen Becher mit vergiftetem Wein getrunken. Lange Zeit hatten die Cherusker die Römer als Urheber für diesen heimtückischen Anschlag beschuldigt, aber vermutlich ist es Adgandester selbst gewesen, der seinen betagten Vater tötete um endlich selbst Herrscher zu sein. Seit den Tagen, als wir unter Arminius die römischen Heere vernichtend schlugen, sind wir Brukterer mit unseren Nachbarn im Osten, den Cheruskern, immer gut Freund gewesen. Ihr König Gunnar war ein weiser Mann gewesen, der in jungen Jahren sein Schwert gegen alle Feinde seines Stammes ausgezeichnet geführt hatte.

Als wir von seinem Tod erfuhren, waren wir Brukterer tief berührt. Mälo rief sofort die Männer des Dorfes zusammen. Man besprach, was zu tun sei. Auf dieser Versammlung der Männer wurde einstimmig erklärt, dass eine größere Abordnung unseres Dorfes an dem Begräbnis teilnehmen solle. Dazu gehörten alle wichtigen Männer, aber auch einige Frauen und Mädchen. Mälo wollte, dass ich den Trupp begleitete, obwohl ich noch viel zu jung war um an solch einem wichtigen Begräbnis teilzunehmen. Ich vermute, dass ihm besonders daran gelegen war, mich den Cheruskern vorzustellen. Nur der Bruktererstamm von der Lippe besaß eine Veleda. Darauf war Mälo stolz und so durfte ich mit ihm reisen.

Als Ganna davon hörte, betrübte sich ihr Gesicht. Nur zu gern wäre auch sie mit ins Cheruskerland aufgebrochen. Ich versuchte sie zu trösten und meinen Vater zu überreden sie mitzunehmen. Es nutzte nichts.

»Was soll Ganna dort?«, fragte er mich erbost. »Sie ist ein Mädchen. Schon bald wird sich ein Mann für sie finden.«

Ich ließ nicht locker um ihn doch noch umzustimmen. Mälo blieb stur. Dann hatte ich am Abend vor unserem Aufbruch plötzlich einen Einfall. Rasch eilte ich zu meinem Vater und säuselte ihm ins Ohr: »Ich sehe etwas, Vater, ich spüre, dass ich schon bald im fremden Land etwas überaus Wichtiges für unseren Stamm in Erfahrung bringen kann, Dank den allmächtigen Göttern.«

Sofort hatte ich Mälo für mich eingenommen. »Sag schon, Veleda, was ist es?«

Selbstverständlich sah ich überhaupt nichts. Es war gelogen, aber ich log um meiner Freundin willen.

»Es ist nicht deutlich, aber damit es mir nicht entgleitet, brauche ich jemand Vertrauten an meiner Seite. So wie ich es fühle, kann das nur Ganna sein.«

Mein Vater blickte mich schweigend an und

ich versuchte ein so ernsthaftes Gesicht wie möglich zu machen. Ich hoffte nur, dass er mich nicht durchschaute.

Schließlich brummte er verdrießlich: »Na gut! Du sollst deinen Willen bekommen, Veleda. Aber Wodan möge dir ein schnellles Pferd geben, wenn du mich betrügst. Dann wird mein Zorn keine Grenzen kennen.«

Ich nickte eifrig und war froh, als ich das Haus wieder verlassen konnte. Ich würde mir etwas einfallen lassen müssen. Aber wichtig war vor allem, dass Ganna uns begleiten durfte.

Am anderen Morgen brachen wir alle frühzeitig auf. Hels dunkler Schleier lag noch lange über uns ausgebreitet. Nebel umhüllte die Häuser im Dorf. Der Zug, bestehend aus Pferden und Wagen, setzte sich nur langsam in Bewegung. Mälo hatte vierzig seiner besten Männer mitgenommen, zu denen unterwegs eine ähnlich große Anzahl aus einem Nachbardorf stoßen sollte. Ich verabschiedete mich von meiner Mutter Wilrun, meinen Geschwistern und von Waluburg, die mich argwöhnisch betrachtete.

»Wie hast du es angestellt, dass Ganna mit ins Land der Cherusker ziehen darf?«, fragte sie mich unverhohlen.

Als ich nichts darauf erwiderte, meinte sie bloß: »Sobald du wieder zurück bist, will ich von dir darauf eine Antwort hören, Veleda!«

Ich nickte eingeschüchtert, dann umarmte ich meine Tante Bernhild und winkte ein paar

Freunden zu, die die knarrenden und schwerfälligen Wagen bis hinaus vor das Dorf begleiteten. Von da an folgten wir dem alten Pfad längs der Lippe, den einstmals der Römer Germanicus hatte anlegen lassen.

Nach einer ganzen Weile entfernten wir uns vom Fluss und bogen landeinwärts ab. Von nun an führte unser Weg vornehmlich durch sumpfiges Gelände. Der Morgennebel lichtete sich nur spärlich. Endlich hatte Sunna ihren Wagen hoch über uns geschoben. Die Luft vibrierte von Froschchören und Mückengesumm. Fischreiher flogen auf, wenn ihnen Reiter oder Wagen zu nahe kamen. Meist hatten diese Vögel ihre Nester auf Schilfinseln angelegt, die in schlammigen Seen mit üppigem Schilfwedelbewuchs wie seltsame Kopfbedeckungen aussahen. Dunkle Pflanzengürtel säumten diese einsamen Tümpel abseits der Dörfer. Hier lebte im weiten Umkreis niemand, höchstens Dämmerelben und Flussmänner. Aus dem Morgen wurde allmählich Mittag. Die Sonne schien nur als verwaschener Fleck durch den wässrigen Nebel und die Dunstschwaden. Kein Windhauch kräuselte die dunklen Wasserflächen, an denen vorbei wir uns noch immer vorwärts bewegten. Doch allmählich änderte sich die Landschaft um uns herum. Am frühen Nachmittag erreichten wir den Fuß eines Gebirges, das sehr waldreich war. Dunkle Föhren schienen auf seinen Hängen bis in den Himmel hinaufzuragen. Mälo hob seine rechte Hand in die Höhe und befahl seinem Tross stehen zu bleiben.

»Wir werden in der Nähe lagern und morgen früh weiterziehen. Seht ihr die alte Wegestraße dort hinten? Die haben die Römer einst hier bauen lassen. Hunderte vom Stamm der Chauken und Marsen sind damals gezwungen worden als Gefangene an der Fertigstellung dieser Straße zu arbeiten. Über sie ist einstmals Varus mit seinen Legionen gezogen und nicht mehr zurückgekehrt.« Das Letzte sagte er mit viel Spott und großer Genugtuung in der Stimme. »Auf der anderen Seite beginnt das Stammesgebiet der Cherusker. Wir werden in knapp drei Tagen in ihrem Hauptsitz ankommen.«

Mälo schaute sich angestrengt um. Dann schien er einen Entschluss gefasst zu haben. Er wandte sich zu dem hinter ihm reitenden Gutones. »Für heute wollen wir dort hinten am Fluss ein Lager aufschlagen. Wir werden jedenfalls reichlich Wasser für uns und die Pferde vorfinden. Vielleicht lässt sich im Wald auch noch das eine oder andere Schwein erlegen?«

Gutones nickte zustimmend und brummte dann zufrieden, weil er sich schon seit Stunden danach sehnte, endlich vom Rücken seines Pferdes steigen zu können. Ich wusste von Waluburg, dass Gutones immer häufiger nach Salben und Pasten bei ihr nachfragte um mit ihnen seine Rückenschmerzen zu lindern. Als er ein Jahr zuvor bei einem Kampf mit den verfeindeten Chatten vom Pferd gestürzt war, hatte er sich oberhalb des Gesäßes eine innere Verletzung zugezogen, die einfach nicht heilen wollte.

Je länger er tritt, desto mehr plagten ihn die Schmerzen.

»Wenn es im nächsten Sommer noch ärger wird, dann befürchte ich dereinst noch im Bett sterben zu müssen und nicht auf dem Schlachtfeld«, murmelte er grimmig, nachdem er sich langsam vom Pferd hinunter auf den Boden hatte gleiten lassen. »Wie schmählich für mich, der ich immer gelebt habe um ruhmreich im Kampf zu fallen!«

Für Gutones war es schlimm, nicht mehr so stark und gewandt zu sein wie früher. Sein Vater hatte sich einst hochbetagt von einem Jüngeren töten lassen um nicht im Bett aus dem Leben scheiden zu müssen. Auch Gutones würde lieber von einer hohen Klippe springen, als schwach und kränkelnd auf den Tod zu warten.

Wir richteten den Lagerplatz ein. Die Männer rupften eifrig Grasbüschel vom Boden um die erhitzten, schwitzenden Pferdeleiber trocken zu reiben. Die Frauen kümmerten sich derweil um das Essen und schufen mit viel Reisig und flachen Steinen eine große Feuerstelle.

Am Abend waren alle bester Stimmung. Es wurde geschwatzt und gesungen. Dazu gab es Wildschwein- und Hasenbraten. Gutones erzählte aufregende Geschichten aus der alten Zeit, als die Götter die Welt erschufen und die mächtigen Eisriesen jenseits des großen Meeres verbannten.

Dann ging es hinunter an den schmalen Fluss. Sein Wasser, auf dem sanft das Licht von

Sunnas Bruder Mani ruhte, kühlte unsere ermatteten Glieder. Zufrieden und müde krochen wir in unsere Zelte.

Am anderen Morgen zogen wir weiter. Mühsam brachten die Pferde die schwer beladenen Wagen über den Anstieg. Der Boden bestand entweder aus Morast oder aus glitschigem Fels. Schlamm zerrte an unseren Füßen, an den Rädern, die sich kaum drehen wollten. Erst weit jenseits des Gebirges wurde es besser. Erleichtert blickten wir zurück. Wir hatten es geschafft. Schließlich erreichten wir das von hohen Palisadenzäunen umschlossene Dorf der Cherusker, in dem sich König Gunnar einstmals eine sichere Zuflucht hatte bauen lassen. Gunnars großes Langhaus war gut befestigt. Wir waren am Ziel und wurden freudig empfangen, vernahmen Lurenklänge und heftige Trommelschläge. Überhaupt war die Stimmung bei den Cheruskern trotz des Todes ihres Königs nicht allzu traurig. Wir Germanen trauern nicht zu ausgiebig um unsere Toten, weil das nicht gut für die Verstorbenen ist. Es treibt sie nämlich sonst in ihren Gräbern um, weil alle Tränen, die wir Lebende für sie vergießen, ihnen kalt und nass auf die Brust fallen.

Wilrun hatte mir vor vielen Wintern die Geschichte von dem Mädchen erzählt, das blutjung im Fluss ertrunken war. Seine Mutter weinte um die verlorene Tochter Tag und Nacht und konnte den Verlust nicht verwinden. Da erschien ihr die Tochter im Traum und bat sie in-

ständig doch endlich mit ihrer Trauer aufzuhö-
ren.

»Weine nicht länger um mich, Mutter! Schau,
wie nass mein Totengewand schon davon geworden ist. So halte ich es nicht aus in meinem
Grab! Denn deine Tränen quälen mich ganz
furchtbar.«

Und die Mutter verstand und beendete ihre
Trauer.

Als nun König Gunnar unfreiwillig aus dieser
Welt geschieden war, errichteten die Cherusker ihm zu Ehren ein großes steinernes Grab –
fast so hoch wie ein Haus – und setzten ihn in
seine Mitte hinein. Auch seine Kleider, seine
Trinkgefäße, die er immer benutzt hatte, und
Münzen aus seinem Beutel wurden ihm auf
seine lange Totenreise nach Walhall mitgege-
ben. Walhall ist jener Ort in Wodans riesigem
Palast, in dem sich nach ihrem Tod nur die besten Krieger versammeln dürfen. Damit sich der
verstorbene König dort gleich vertraut fühlen
würde, wurden ihm seine Waffen, kostbares
Werkzeug, das ihm lieb und teuer gewesen, und
vor allem Brot, gebratenes Fleisch und Honig-
met mit ins Grab gegeben. Am Ende stieg seine
Lieblingsfrau Ravia lachend zu ihm ins finstere
Grab. Ravia war in den letzten Jahren auch
seine treueste Dienerin gewesen; eine Sklavin
aus dem Stamm der Semnonen, die weit, weit
weg dort leben, wo Sunnas glänzender Wagen
frühmorgens am Himmel erscheint.

Am Tage des Begräbnisses hatte Gunnars

Sohn, Adgandester, laut in die Runde der Trauernden gerufen, wer mit dem Verstorbenen für immer zusammen sein wollte. So war es Brauch, wenn ein großer Mann entschlafen war. Wohl zu seinem Erstaunen hatte sich die schöne Ravia mit den Worten gemeldet: »Ich will es!«

Daraufhin musterte Adgandester die junge Frau so merkwürdig, dass es niemandem entgehen konnte. Ganna, die die Zeremonien des Begräbnisses gemeinsam mit mir verfolgte, stieß mich in die Rippen und raunte mir gleichzeitig ins Ohr: »Ravia hätte er wohl gern selber von seinem Vater übernommen, wie es scheint.«

Denn nach dem Tode gehörte dem Sohn alles, was der Vater einst besessen hatte, auch seine Sklaven. Aber Abgandester, der neue König der Cherusker, konnte sich Ravias Willen nicht verschließen. Das hätte die Götter erzürnt und Gunnar im Grabe nicht ruhen lassen. So musste er, wenn auch widerwillig, sein Einverständnis geben. Alle bemerkten es und ich sah einige Cherusker spöttisch darüber lächeln.

Wieder erklangen die großen Luren, die immer nur paarweise gespielt werden dürfen und weithin hallen. Zu Ehren des Verstorbenen wurden auch die heiligen Hörner geblasen, in deren Silber Zauberrunen graviert waren, wodurch sie Macht über das dem Menschen Verborgene bekamen. Ravia, festlich gewandet und mit einer goldenen Fibel geschmückt, stand wie teilnahmslos vor dem Eingang des Grabes. Bevor man sie dort hineingeleitete, durfte die Sklavin noch einmal ausgiebig essen, wonach sie verlangte, und vom besten Met trinken. Danach gab es für sie jedoch kein Zurück mehr. Ravia ließ sich neben dem toten König auf dem Erdboden nieder. Sie lächelte den Toten an und fügte sich damit in sein Schicksal, das nun auch das ihre sein sollte. Anschließend wurde das Grab fest verschlossen. Niemand sollte jemals wieder hinein noch von dort wieder herauskommen!

Während die Männer die Grabkammer mit großen Steinquadern und zahlreichen Körben voll Erdreich für immer unbetretbar machten, passierte es. Ein Schwindel erfasste mich, aber ich stürzte dennoch nicht zu Boden. Plötzlich sah ich Ereignisse, die weit entfernt vor sich gingen. Ereignisse, die nicht jetzt, sondern irgendwann einmal geschehen sollten. Später berichtete Ganna mir, ich hätte zuerst einen lauten unmenschlichen Schrei getan, der allen heftig den Schrecken in die Glieder fahren ließ. Danach hätte ich wie irr in die Runde geblickt, so dass die Anwesenden schon glaubten, der Geist eines Toten sei in mich eingekehrt. Hastig begann ich zu reden, zunächst noch Unverständliches, aber dann wurde es für alle Umstehenden laut und vernehmbar. Dabei zeigte ich immer wieder auf das Grab. Ich selbst konnte mich hinterher an nichts mehr erinnern.

Bewaffnete Menschen beschrieb ich, die gegeneinander kämpften. Überall nur Tod und Verderben. Viel Blut und hingeschlachtete Leiber sah ich auf einem Feld liegen.

Damals war mir noch kein Römer begegnet. So beschrieb ich sie als schwarzhaarige Männer, einige von ihnen mit roten Federbüschen auf dem behelmten Kopf. Andere trugen braune Kappen und merkwürdige Panzer um ihre Körper geschnallt. Diese Menschen kämpften gegen Germanen – Krieger, die hoch zu Ross gegen ihre Feinde anritten und über sie hinwegflogen. Ich sah Gemetzel über Gemetzel. Überall lagen Tote und Verwundete, aber ich sah auch viele Männer meines Stammes . . .

Dann wurden meine Augen trübe und ich kehrte zu den Lebenden zurück.

»Was ist? Was schaust du mich so erschrocken an, Ganna?«, rief ich aus und streckte ihr wie in Abwehr meine Arme entgegen. Um mich herum standen Menschen, die mich anstarrten wie einen Totengeist, der eben seinem Grabhügel entstiegen war.

»Ja, weißt du denn nicht, was du uns allen prophezeit hast?«, fragte mich meine Freundin.

»Nein? Wovon redest du? Ich erinnere mich an nichts mehr. König Gunnars Grab wurde verschlossen und dann . . .«

»Lass sie in Ruhe, Ganna!«, meldete sich plötzlich mein Vater zu Wort und drängte sich durch die Umstehenden dicht an mich heran. Dann rief er den Umstehenden zu: »Das ist meine Tochter. Sie ist die Seherin der Brukterer. Die Götter haben ihr endlich die Augen geöffnet.« Dann wandte sich Mälo mir zu. Er schaute mich freudig, aber auch zugleich ehrfürchtig an. »Du hast eine Schlacht beschrieben, Veleda, eine große, bedeutende Schlacht, die zwischen uns und unserem schlimmsten Feind stattfinden soll.«

Ich starrte meinen Vater ungläubig an. »Wer soll das sein?«

»Die Römer, mein Kind!«, meldete sich Adgandester zu Wort. »Ich habe alles mit angehört, Veleda. Du bist wirklich die Seherin aus dem Stamm der Brukterer, von deren Geburt mir vor einigen Wintern berichtet wurde. Sei willkommen in meinem Land! Ich verkünde, dass dein Name schon bald weithin bekannt sein wird. Denn was du uns vorhin gesagt hast, berührt nicht nur die Menschen deines Stammes, sondern aller anderen Stämme mit, seien es nun Cherusker, Marsen, Chauken oder Tenkterer. Ich bitte dich, Seherin, steige noch einmal zu deinen Gesichten hinauf und lass uns hören, ob diese große Schlacht gegen die Römer siegreich für uns alle verlaufen wird. Denn ich bin sicher, dass es dereinst zu diesem großen Kampf kommen wird.«

»Nein, Adgandester!«, widersprach da mein Vater heftig. »So wie du bin auch ich begierig zu erfahren, wie alles ausgehen wird, aber bedenke, dass Veleda noch jung und unerfahren ist. Sie muss erst noch darin unterwiesen werden, mit ihren Gesichten umzugehen. So hat es mich Waluburg, unsere Hagedise, wissen lassen. Doch ich sage dir, König der Cherusker, dass du als Erster erfahren sollst, wie der große Kampf mit den verhassten Römern für uns enden wird: ob siegreich oder mit dem Untergang.«

Adgandesters Hände zuckten nervös. Seine dunklen Augen funkelten kalt. Er war es nicht gewohnt, sich gedulden zu müssen, aber er sah wohl auch ein, dass Mälo Recht hatte mit dem, was er sagte. Ich wirkte viel zu erschöpft um jetzt noch weiter in mich zu dringen. So gab der König schließlich nach.

»Gut, Mälo aus dem Stamme der Brukterer, Fürst der Bärensippe, du sollst deinen Willen bekommen! Wir alle hier haben heute erfahren, dass Veleda ihren Namen verdient. Und schon bald werden wir wissen, ob sie uns zum Heil geboren wurde oder nicht.«

Das alles verwirrte mich zutiefst. Meine Hand suchte die Gannas. Was wollten sie nur alle von mir? Dass ich einst meinem Bruder das Leben hatte retten können, weil mich Waluburg im Traum richtig geleitet hatte, damit hatte ich bereits für mich abgeschlossen. Aber heute war etwas passiert, was mich zutiefst beunruhigte: Ich hatte Dinge gesehen und erzählt, an die ich mich im Nachhinein nicht mehr erinnern konnte. Ich hatte vorausgesehen, was kommen würde, doch ich selbst wusste nichts davon. Andere hatten es mir im Nachhinein gesagt. Das gefiel mir nicht. Ich fühlte mich hilflos, ohnmächtig der Stimme der Götter ausgeliefert, die durch meinen Mund redeten, ganz wie es ihnen passte. Ich muss unbedingt mit Waluburg darüber sprechen, sagte ich mir immer wieder. Sie wird wissen, wie ich mich davor schützen kann. Denn ich wollte nicht, dass mir dergleichen noch einmal geschah. Ich hatte schreckliche Angst davor, dass es jederzeit wieder über mich kommen und ich nichts, aber auch gar nichts dagegen machen konnte. Ich war so wehrlos wie ein Wurm, nach dem ein Fischmaul gierig schnappt.

Quälende Tage im Baum

Als ich in unser Dorf zurückkehrte, nachdem der Mond einmal voll, abnehmend und dann wieder rund wie eine Scheibe geworden war, hatte sich die Kunde von meiner Weissagung schon längst im Lande herumgesprochen. Unterwegs waren wir an der Lippe auf einen einsamen Fischer gestoßen, der sofort in seinem Boot angerudert kam, nachdem er den Tross der langsam daherziehenden Brukterer am Ufer ausgemacht hatte. Mälo erkannte in ihm einen Marser wieder, dem er schon einmal begegnet war. Er hielt an und rief dem Mann entgegen: »Hast du reichlich Fang gemacht? Wir könnten gut ein paar Fische gebrauchen.«

»Da musst du dich noch etwas gedulden, Brukterer! Noch haben die Lachse nicht gebissen«, erwiderte der Alte. »Aber ich sehe dort auf dem vorletzten Wagen ein junges Mädchen. Groß, schlank, feine Züge und ein langer blonder Schopf. Darf ich es mir ein wenig näher betrachten?«

Mälo runzelte fragend die Stirn. Was hatte der alte Fischer vor? Doch dann machte er eine gönnerhafte Handbewegung in Richtung seiner Tochter.

»Nur zu, mein Alter! Aber ich schätze, sie ist ein wenig zu jung für dich.«

Einige lachten glucksend über Mälos Scherz. Dann trat der Fischer ganz nah an den Wagen heran, auf dem ich saß. Sein Haar war schlohweiß, seine Haut gegerbt wie altes Leder. Ich begegnete seinem neugierigen Blick ganz unbefangen. Es war schon seltsam, wie eingehend der Alte meine Gesichtszüge studierte. Doch plötzlich rief er freudig aus: »Sie ist es! Ja, ja, sie muss es sein. Man erzählt, sie habe ein längliches Gesicht. Und rehbraune Augen, die so tiefgründig blicken. Und ihr Haar sei so zart wie die Fäden der Spinne.«

»Von wem redest du, Marser?«, wollte mein Vater wissen, der mittlerweile zu uns gekommen war.

»Sag mir, Brukterer! Ich habe doch Recht? Sie ist es, nicht wahr?«

»Wer . . . ist . . . es?«

Allmählich schien mein Vater die Geduld zu verlieren.

»Veleda! Das ist Veleda, deine Tochter, und du bist Mälo, Fürst der Bärensippe. Sag, ob ich blanken Unsinn rede?«

Mälo räusperte sich. Dann straffte sich stolz sein Oberkörper.

»Sie ist fürwahr meine Tochter Veleda! Du redest nichts Falsches, Alter!«

Das von Narben und Pocken verunstaltete Gesicht des Mannes hellte sich auf.

»Dann muss sie mir auf der Stelle weissagen. Meine Frau liegt krank danieder. Die Hagedise kann ihr nicht mehr helfen. Werden die Götter sie mir nehmen oder werden sie meine Thusnelda verschonen?«

In diesem Augenblick sah ich einen schwarzen Vogel sehr schnell zum Himmel aufsteigen. Und als würde meine Zunge von jemand anderem gelenkt, antwortete ich: »Noch in dieser Nacht, wenn Notts Wagen am schwärzesten ist, wird deine Frau sterben. Sie war lange Zeit sehr, sehr krank. Nun findet sie endlich Erlösung durch Hel.«

Der Fischer sah mich dankbar an.

»Die allmächtigen Götter mögen dir danken, Veleda. Nun weiß ich, dass ich mir keine Sorgen mehr zu machen brauche. Thusnelda stirbt, aber die Schmerzen sterben mit ihr. Hab Dank, Veleda aus dem Stamme der Brukterer! Möge dich Wodan auf all deinen Wegen beschützen!«

Nach diesen Worten kehrte der Alte mit schleppendem Schritt zu seinem Kahn zurück und ruderte wieder auf die Mitte des Stromes hinaus. Mälo musterte mich kurz, dann brummelte er irgendetwas und ritt zurück an die Spitze des Trosses. So kamen wir im Dorf an. Ich hatte mich die letzte Strecke des holprigen Weges schweigend gegen eine Holzstütze gelehnt. Während die Räder sich unter mir drehten, suchten meine Augen jene ferne Stelle, wo sich der Himmel mit der Erde vermählt. Jene Stelle, die immer weiter wegrückt, je näher man ihr zu kommen meint. Ich dachte an das, was am Fluss vorgefallen war. Der Alte war glücklich und zufrieden mit meiner Antwort gewesen, auch wenn er seine Thusnelda bald endgültig verlieren würde.

Aber was war mit mir? Wer war es, der meine Augen, meinen Mund anschirrte, fragte ich mich. Wer, der mich sehen und reden ließ, ohne dass ich darum wusste?

Dann fiel mir ein, dass ich Waluburg noch eine Antwort schuldig geblieben war. Gib du mir vor allem eine einleuchtende auf meine Frage, dachte ich trotzig. Erst danach will ich deine Neugier stillen.

Waluburg sagte zunächst gar nichts. Sie ging einige Male um mich herum, als ob sie etwas an mir suchte. Dann berührte sie meine Stirne, meinen Mund, meine Augen. Dabei redete sie Worte, deren Sinn ich nicht begriff. Zauberworte waren das. Mächtige, die etwas in mir bewirken sollten. Ich stand reglos da und wartete geduldig ab.

»Es ist endlich so weit, Veleda«, sagte Waluburg nach längerem Schweigen. »Während du fort warst, habe ich alles Notwendige für deine endgültige Unterweisung vorbereitet. Schon morgen werden wir damit beginnen. Du wirst lernen dich in deine Gabe zu fügen und dich ihr ohne Angst anzuvertrauen. Alles geschieht durch die Macht der Götter! Und ich werde dir den Weg zu ihnen zeigen. Hab Geduld, Veleda, und ruhe dich erst einmal aus. Ich weiß, du wirst alle Kraft nötig haben, die du aufbringen kannst.«

Das klang bedrohlich, aber nichts anderes hatte ich von der Hagedise erwartet. Waluburg war hart. Ich würde bei ihr sicherlich nichts zu lachen haben. Das war mir klar. Aber ich gehorchte, auch wenn mich Ganna mehrmals drängte, mit ihr an diesem Abend in den Wald hinauszugehen.

»Nein! Ich komme nicht mit dir dorthin!«, antwortete ich ihr entschieden.

»Aber wir sind doch Speichelverbündete. Wir müssen zusammenhalten. Keine darf ohne die andere sein.«

Es klang, als ob sie sich davor fürchtete, allein zu sein. »Ich denke, liebe Freundin, dass du von nun an sehr häufig ohne mich auskommen musst«, sagte ich leise. »Ich weiß nicht, was mich bei Waluburg erwartet, aber du darfst ganz bestimmt nicht dabei sein.«

»Das werden wir ja sehen«, reagierte Ganna trotzig.

»Sie wird dich töten, Ganna!«, sagte ich ernst. Schweigen.

»Ganna? Redest du noch mit mir?«

»Ja, sicher! Ich weiß nur zu gut, dass Waluburg mich töten wird, wenn ich ihr in die Quere komme. Du bist ihr wichtiger als alle anderen im Dorf!«

»Dann sei umso vorsichtiger! Wir werden uns sicherlich wieder sehen. Leb wohl!«

»Leb wohl, Veleda! Und Wodan beschütze dich!«

Ich hörte, wie sie davonhuschte. Von weitem meinte ich noch ein unterdrücktes Aufschluchzen zu vernehmen. Zweifellos war Ganna sehr traurig. Und ich war es auch, denn ich spürte, dass von nun an alles vollkommen anders werden würde.

Mitten in der Nacht weckte mich Mälo.

»Steh auf, Veleda! Waluburg wartet draußen auf dich. Du musst zu ihr!«

»Jetzt? Um diese Zeit?«

»Frag nicht! Geh einfach mit ihr. Waluburg weiß, was sie tut!«

Dann verschwand mein Vater und legte sich wieder auf sein Strohlager. Ich erhob mich, gähnte, reckte meine Glieder, rieb mir die Augen und trat müde vor die Tür. Es war kurz bevor Sunna ihren Wagen vor den von Nott schob um die in dunkle Schleier gehüllte Tochter eines Riesen abzulösen. Ein Schatten löste sich von einer Hauswand und kroch auf mich zu.

»Folge mir!«

Waluburgs Stimme klang ein wenig barsch. Ich gehorchte. Ich folgte ihr wie ein willenloses Tier. Ich fragte nicht, wohin wir so früh gingen. Ich setzte einfach einen Fuß vor den anderen.

Waluburg führte mich tief in den Wald hinein, an Stellen, an die ich mich nie allein getraut hätte. Ich weiß nicht mehr zu sagen, wie lange wir uns auf diese Weise einen Weg zwischen engen Stämmen und dornigem Unterholz gesucht haben. Jedenfalls stand Sunnas leuchtender Wagen schon hoch am Himmel, als wir endlich eine nicht allzu breite freie Stelle zwischen den Bäumen erreichten. Wir traten zwischen den hohen Stämmen hinaus und befanden uns auf einem freien Flecken, den ein mächtiger Sturmwind vor Jahren geschaffen haben musste. Viele umgestürzte Bäume lagen kreuz und quer verstreut auf der lang gezogenen Lichtung. Waluburg deutete geheimnisvoll auf einen, der zwischen all den am Boden liegenden und geknickten als Einziger noch aufragte: ein Stamm ohne Krone, ein abgestorbener Baum.

»Das ist deine Irminsul«, erklärte die Zauberin. Auf meinen fragenden Blick hin fügte sie hinzu: »Irminsul, das ist deine Säule, die aufragt um Himmel und Erde zu verbinden. Du wirst in sie hineingehen und erst wieder herauskommen, wenn ich dich dazu auffordere.«

Ich wagte nicht zu widersprechen. Zwar besaß ich keinerlei Vorstellung davon, wie ich in einen Baum hineingehen sollte, aber wenn Waluburg meinte, dass ich es könnte, würde dem wohl nichts im Wege stehen.

Als wir den Stamm erreichten, der, obwohl seiner Krone beraubt, immer noch hoch hinaufragte, erkannte ich, dass er von innen hohl war. Ich trat wie befohlen hinein und kauerte mich am Boden nieder.

»Ich werde dir nun etwas anvertrauen, Veleda. Höre gut zu! Du hast dich sicher schon gefragt, wohin die erwachsenen Männer die Jungen bringen, wenn diese zwölf Winter alt geworden sind?«

Ich nickte. Ja, das hatte ich mich schon einige Male gefragt. Und auch Ganna brannte darauf, das Rätsel zu lösen. Auch mein Bruder Runhold würde schon bald von uns fortgenommen werden um erst nach vielen Nächten wieder zu seiner Familie zurückzukehren. Aber welchen jungen Mann auch immer ich fragen würde, keiner würde mir jemals verraten, wo er so lange gesteckt hatte. Nicht einmal meine Mutter hätte darauf eine Antwort erhalten!

»Ich verrate es dir nun«, fuhr Waluburg fort. »Die Jungen werden, sobald sie zwölf Winter alt sind, von den erfahrenen Männern tief in den Wald hineingeführt, so wie du von mir heute. Die Jungen haben nichts dabei außer einem Messer. Und sie müssen zwölf lange Tage in diesem Wald verbringen und um ihr Leben kämpfen. Dabei dürfen sie mit niemandem reden, zu keinem gehen und auf keinen Fall zurück ins Dorf kommen. Sie müssen den Herrn der Tiere finden. Sobald dies geschehen und die Zeit vorüber ist, werden sie von den Männern befragt und ins Dorf zurückgebracht. Haben sie ihre Prüfungen zur Zufriedenheit der Sippe bestanden, dann zählen sie fortan zu den erwachsenen Männern im Dorf.«

Die weise Hagedise betrachtete mich aufmerksam. Offensichtlich erwartete sie von mir eine Reaktion auf ihre Enthüllung. So beeilte ich mich etwas zu sagen.

»Nun weiß ich es!«, hauchte ich brav. »Ich werde darüber schweigen wie ein Fisch im Wasser.«

Zugleich überlegte ich ungeduldig, was die Prüfung der Jungen mit mir zu tun haben könnte.

»Bei dir wird es ähnlich und doch wieder ganz anders sein. Auch du musst jemandem begegnen, aber nicht dem Herrn der Tiere! Du wirst deshalb hier allein hocken bleiben und dich nicht von der Stelle rühren. Du darfst weder essen noch trinken. Du wirst keines Menschen Stimme hören, denn du bist weit entfernt von deinem Dorf.«

Ich starrte Waluburg entsetzt an.

»Nichts anderes will ich von dir, Veleda! Bestehe oder vergehe!«

Damit drehte sich die Hagedise um und ging davon. Ich wusste nicht, ob ich weinen oder schreien sollte. Doch ich blieb stumm. Ich fügte mich dem, was mir abverlangt wurde, auch wenn ich mir nicht vorstellen konnte, dass ich es überleben würde.

So hockte ich reglos bis zum frühen Abend in meinem Baum. Ich rührte mich nicht von der Stelle und tat nichts weiter als ein- und auszuatmen. Irgendwie hoffte ich, dass Waluburg zurückkehren und mich erlösen würde, aber nichts dergleichen geschah. Kurz vor Einbruch der Dunkelheit stand ich auf und trat an den Eingang des hohlen Baumes ohne ihn zu verlassen. Dann versuchte ich mit meinem Messer ein großes Stück Rinde von meinem Baum abzuhacken, was mir mit einiger Mühe gelang. Daraus machte ich mir eine warme Decke für die Nacht. Hatte ich anfangs noch Hunger verspürt, so nahm dieser mehr und mehr ab. Dafür steigerte sich mein Durst entsetzlich. Ob es in der Nähe eine Quelle oder einen Bach gab, an dem ich meine Qual hätte lindern können, wusste ich nicht. Aber was hätte mir ein solches Wissen schon genutzt? Ich durfte meinen hohlen Baumstamm ja nicht verlassen. Ich versuchte mich lang auszustrecken. Über meinen Leib breitete ich meine Decke aus Rinde aus. Dann versuchte ich einzuschlafen. Aber es ging nicht. Was ich sofort vermisste, waren die Geräusche, an die ich von klein auf im Hause meines Vaters Abend für Abend gewöhnt war: die Geräusche der Menschen und Tiere, die mir vertraut waren. Die Geräusche, die von draußen ins Haus hineindrangen. Wo war das Schnarchen meines Vaters, das unverständliche Murmeln im Schlaf meines jüngsten Bruders, das Stampfen und Schnauben der Tiere im Stall, das Seufzen meiner Mutter, das man manchmal vernehmen konnte?

Das alles fehlte mir. Dafür drangen andere, fremde Geräusche an mein Ohr. Es war der Wald, der redete. Es waren die Tiere, die nachts auf Jagd gingen. Dies alles nahm ich wahr und es hielt mich noch lange wach, weil ich mich fürchtete. Aber schließlich schlief ich ein.

Am frühen Morgen kitzelten mich die Strahlen von Sunnas Wagen wach. Ich öffnete meine Augen und fand mich anfangs überhaupt nicht zurecht. Wo war ich hier, fragte ich mich beunruhigt.

Warum lag ich nicht auf meinem Strohlager daheim? Aber dann erinnerte ich mich an Waluburg, die mich hergeführt hatte, und auch an ihr Verbot, mich vom Baum zu entfernen.

Ich habe entsetzlichen Durst!, war alles, woran ich denken konnte. Und dieser Gedanke ließ mich nicht mehr los. Es war, als wäre ich eine Maus und ein Bussard hätte mich in seinen Krallen, die immer fester zudrückten. Durst, stöhnte ich. Wasser! Wo ist Wasser? Wer gibt mir Wasser? Aber niemand kam um meine Qual zu lindern. Ob mich Waluburg ausgesetzt hatte, damit ich elend zu Grunde ging? Eine ganze Weile folterte mich diese Vorstellung: Ich würde hier verhungern und verdursten. Die Prüfung der Jungen sah wenigstens vor, dass sie sich im Wald Nahrung suchen mussten. Sie durften trinken, wenn sie durstig waren. Warum ich nicht, fragte ich mich immer wieder. Warum war ich in einem Stamm wie diesem so elendig gefangen? Nun gut! Ich hätte weglaufen können, aber ich blieb wie angewurzelt am Boden hocken. Ich blieb, einzig weil es Waluburg von mir erwartete.

Am Abend drohte mich der entsetzliche Durst allmählich in den Wahnsinn zu treiben. Plötzlich meinte ich in der Nähe des abgestorbenen Baumes einen Geist zu sehen. Erschrocken fuhr ich zusammen und versteckte mich unter meiner Rinde. Ich erinnerte mich an das, was mir Ganna einmal insgeheim anvertraut hatte. Mit schauriger Stimme hatte sie von den Toten draußen in ihren Gräbern erzählt. In ihnen lebten die Verstorbenen nämlich weiter, rumorten um Mitternacht unter der Erde und konnten vor allem dann keine Ruhe finden, wenn ihr Tod von ruchloser Hand herbeigeführt worden war. Große Kämpfer, einst hinterhältig gemeuchelt, stiegen nachts aus ihren Gräbern heraus um nach dem Schuft zu suchen, der die ehrlose Tat an ihnen begangen hatte. Aber die Ermordeten kamen nicht sehr weit – nicht über die engen Grenzen ihres Grabhügels hinaus. Darüber waren diese Toten äußerst aufgebracht und jeder, der nachts an ihren Gräbern vorbeiritt, lief große Gefahr, von ihnen überfallen und grausam getötet zu werden. Denn waren die verstorbenen Recken bereits zu Lebzeiten stark gewesen, so schenkte ihnen im Tod der Hass auf alles Lebendige schier übermenschliche Kräfte. Wiedergänger wurden sie genannt und sie konnten ihre Gestalt mit Leichtigkeit wechseln, mal grimmiger Bär, mal reißender Wolf sein.

Was, wenn auf einmal ein Wolf oder ein Bär vorbeikäme? Da war es schon fast gleichgültig, ob es sich bei ihnen um wirkliche Tiere handelte oder um Tote in Tiergestalt. Gefährlich würden sie in jedem Fall sein. Auf einmal meinte ich Schritte zu hören, die sich mir langsam näherten. Ein Wiedergänger? Ich zitterte am ganzen Leib. Was sollte ich machen?

Aber nichts geschah. Ich hatte mich geirrt. Zwischen Furcht und entsetzlichem Verlangen nach Wasser hockte ich in der Finsternis und wagte kaum zu atmen. Irgendwann trug mich der Schlaf gnädig mit sich fort.

Am Mittag des vierten Tages kam Waluburg überraschend zurück. Sie hatte einen Krug mit Wasser dabei, den ich bis zum letzten Tropfen leer trank. Waluburg redete zunächst kein Wort mit mir und auch ich blieb stumm. Dann hieß sie mich aufstehen und den Baum verlassen. Dreimal musste ich links um ihn herumgehen und anschließend dreimal rechts. Danach kehrte ich in den hohlen Stamm zurück.

Die Hagediese stand hoch aufgerichtet vor mir. Ich kauerte wieder am Boden hin und sie betrachtete mich lange Zeit schweigend. Dann hob sie ihren Weidenstab. Dreimal klopfte sie damit auf den Boden. Dann sagte sie nur ein einziges Wort zu mir: »Veleti!«

Ich zuckte zusammen, weil mir der Laut durch Mark und Bein ging. Waluburg spielte mit meinem Namen. Denn »veleti« bedeutet: »Sehen, was die Götter sehen; sehen, was im Verborgenen liegt.«

Danach drehte sich Waluburg um und verschwand langsam zwischen den Bäumen des Waldes.

In der darauf folgenden Nacht träumte ich sehr Merkwürdiges. Jemand rief mich.

»Mädchen! Komm, steh auf und folge mir!«

»Aber ich darf nicht gehen!«, erwiderte ich.

»Armes Kind, du tust mir Leid. Steh auf und folge mir!«

Ich konnte der Stimme nicht widerstehen. Auf einem silberfarbenen Weg gelangte ich hoch hinauf. Ich sah Manis Sichel, ich sah die funkelnden Sterne, sogar Sunna selbst in ihrem Wagen, und dies alles, obwohl es doch Nacht war und Nott regierte.

Ich wunderte mich sehr. Dann erblickte ich Gott Wodan, der, wie es uns die Priester lehren, am Baum des Lebens hing, sich opfernd, vom Speer durchbohrt.

»Ich gebe dir meinen Namen!«, sagte Wodan

zu mir. »Denn du hast ertragen, was du ertragen wolltest!«

Da wusste ich, dass ich Veleda bin. Und zugleich fühlte ich mich auf wundersame Weise gestärkt.

Aber Wodan sprach weiter: »Dafür musst du mir ein *vedi* (Pfand) geben. Gib mir deine Augen!«

Und zugleich fühlte ich einen schrecklichen Schmerz, der mich aufschreien und zurücktaumeln ließ.

Ich glaube, dass ich danach aufwachte und bis zum Morgengrauen geweint habe.

Am nächsten Abend kam Waluburg erneut zu mir. Diesmal brachte sie mir eine getrocknete Forelle mit, aber ich wollte den Fisch nicht anrühren.

»Es ekelt mich vor ihm. Es ekelt mich vor jeder Speise, Waluburg!«, wehrte ich entschieden ihren Wunsch ab, etwas zu essen. Dabei wunderte ich mich, dass ich so mit ihr redete. Waluburg lächelte mich wissend an.

»Dann hast du ihn also gesehen, den Gott, der neun Tage lang am windigen Baum hing, vom Speer durchbohrt, er selber sich selbst geweiht?«

Ich verstand nicht ganz, was sie meinte, aber ich nickte.

»Ja, ich habe Gott Wodan am Weltenbaum erblickt.«

»Das ist gut, Veleda. Das ist sehr gut!«

Mit diesen Worten erhob sie sich und schlurfte davon. Ich wunderte mich, dass ich überhaupt nicht mehr den Wunsch verspürte, sie danach zu fragen, wie lange ich in diesem Baum noch ausharren musste. Als ob es mich nichts mehr anginge.

Denselben Traum hatte ich in der nächsten Nacht und erneut forderte Wodan meine Augen als Pfand. Aber diesmal schmerzte es nur noch halb so sehr. In der darauf folgenden Nacht stieg ich erneut über den silbernen Pfad zu ihm empor.

»Du bist Veleda!«, sagte er zu mir.

»Nimm meine Augen als Pfand!«, antwortete ich stolz.

Und Wodan riss sie mir aus und ich fühlte nichts mehr dabei. So kehrte ich gestärkt mit meinem Namen in meinen Baum zurück.

Als Waluburg das nächste Mal zu mir kam, erzählte ich ihr davon.

»Nun hast du die Prüfung bestanden, Veleda!«, verkündete sie mit leuchtenden Augen. »Du hast deinen Namen dreimal von Wodan erhalten. Damit schenkte er dir zugleich die Kraft, in die Zukunft zu sehen und deinem Stamm damit nützlich zu sein. Zwar hast du schon einige Male vorausgesagt, was kommen wird, aber erst jetzt darfst du versichert sein, dass dir die Götter dazu auch die Erlaubnis gegeben haben. Andernfalls würde es dir schlecht ergehen! Deine Augen, die du Wodan als Pfand gegeben hast, wirst du erst an dem Tag wieder zurückerhalten, an dem du stirbst. Doch nun tritt heraus aus deinem Stamm, Veleda! Gemeinsam werden wir ins Dorf zurückkehren!«

Später erfuhr ich, dass man das, was ich im Innern der Eiche erlebt hatte, »Einweihung« nennt. Das alles klingt zwar, als ob mich Waluburg foltern wollte, und eine Weile habe ich das auch geglaubt, aber als ich älter wurde, wusste ich, dass ich in jenen einsamen Nächten im hohlen Baumstamm viel über mich selbst und die Macht der Götter erfahren habe.

Allerdings hatte Waluburg den zwar hohlen, aber engen Baumstamm noch aus einem anderen Grunde für mich ausgesucht. Das sollte mir wenig später noch deutlich werden.

Ein dreister Diebstahl

Zunächst blieb alles beim Alten. Ja, fast sah es so aus, als würde sich überhaupt niemand mehr um mich kümmern, zumindest, was meine heilige Aufgabe als Seherin anging. Weil anfangs nicht einmal mehr Waluburg nach mir rief oder überraschend zu uns ins Haus kam, wurde ich

106

sogar ein wenig misstrauisch. Was mochte da vor sich gehen? Hatte ich meine Prüfung am Ende doch nicht so glänzend bestanden?

Aber ganz gleich, wie ich sie in den Augen der Hagedise auch bewältigt haben mochte, meine Zeit auf der einsamen Lichtung hatte Spuren hinterlassen. Ich war nicht mehr wie früher, nicht mehr so unbefangen und ahnungslos. Ich spürte, dass eine Kraft in mir lebte, die mich von anderen unterschied. Und ich war mir nur zu bewusst, dass ich sie jederzeit in mir hervorrufen konnte um damit zu weissagen.

Ganna bemerkte diese Veränderung an mir als Erste. »Du weißt jetzt, wer du bist, Veleda!«, sagte sie. In ihrer Stimme schwang so etwas wie Bewunderung mit. Ich war überrascht. Aber auch meine Freundin war anfangs ein wenig irritiert darüber, dass mich Waluburg so vollkommen in Ruhe ließ.

»Wie seltsam, dass dich die alte Hagedise nicht mehr von mir fern halten will. Angeblich bin ich es doch, die dich verdirbt!«

Ich schaute Ganna neugierig in die Augen.

»Wovon redest du?«

»Nun, Veleda, ich selbst habe Waluburg auf die Probe gestellt. Ich bin vor sie hingetreten und habe ihr laut ins Gesicht gesagt, dass wir nach wie vor die besten Freundinnen sind, uns wie Schwestern mögen und sogar Speichelverbündete sind.« Ganna spitzte kurz die Lippen. Dann fuhr sie fort: »Das Letzte habe ich ihr nur ins Gesicht geschleudert um sie wütend zu machen. Aber nichts geschah. Sie konnte sich doch denken, dass wir uns nach wie vor heimlich im Wald und anderswo treffen. Aber die Hagedise hat nur sanft genickt, mehr nicht.«

»Sie hat nichts dagegen eingewendet?«

»Nein! Ich war ebenso verblüfft wie du jetzt. Sie hat kein einziges Wort zu mir gesagt. Mir nicht einmal verboten zu dir zu gehen. Ist das nicht höchst ungewöhnlich?«

»Geradezu unheimlich!«, bestätigte ich fassungslos. Und dann erzählte ich ihr, wie überrascht ich wäre, dass mich Waluburg nicht mehr aufsuchte. »Als hieße ich nicht Veleda, sondern Albruna oder Wilrun.«

Ganna lachte glockenhell auf. Dann schlug sie mir auf die Schulter, wie es die Männer tun, wenn sie einer Gefahr glücklich entronnen sind.

»Sei doch froh, Veleda, dass sie dich in Ruhe lässt. Wir sollten uns darüber freuen, denn nun können wir so manches unternehmen. Ich habe auch schon einen guten Plan.« Sie sah mich gespannt an. »Kennst du die Stelle am Fluss, wo sich drei Eichbäume ganz weit über das Wasser beugen?«

Ich nickte eifrig. »Ich bin zwar noch nie selbst dort gewesen, aber ich habe davon gehört. Das ist doch jene Stelle, wo die jungen Männer aus dem Nachbardorf immer schwimmen gehen und Wettkämpfe abhalten.«

»Richtig, sie eifern darum, wer von ihnen das andere Ufer als Erster erreicht.«

»Und warum erzählst du mir das alles?«

»Aus mehreren Gründen, Veleda! Zum einen möchte ich mir den Ort einmal genauer ansehen. Wenn dort schon keine Mädchen ins Wasser dürfen, weil die jungen Männer sie sofort verscheuchen, dann will ich diese, wie man sagt, wunderschöne Stelle wenigstens einmal selbst in Augenschein nehmen. Zum anderen verlieren dort jedes Mal zur Sonnenwende die jungen Männer aus unserem Dorf gegen die des Nachbardorfes. Jedes Jahr erneut. Die anderen sind einfach nicht zu schlagen und machen sich schon lustig über uns. Das kann ich nicht zulassen, Veleda.«

Ich starrte sie an. War Ganna jetzt verrückt geworden?

»Was heißt, du kannst es nicht zulassen? Willst du etwa allein gegen sie antreten? Dir ist doch klar, dass ausschließlich Männer an den Wettkämpfen teilnehmen dürfen. Die vom Nachbardorf werden da keine Ausnahme machen.«

Die Freundin lächelte mich verschmitzt an.

»Wer weiß? Ich habe da einen Plan, der gar nicht schief gehen kann, aber um ihn auszuführen brauche ich deine Hilfe.«

»Meine Hilfe? Ich schwimme, wie mein Bruder Runhold sagt, nicht viel besser als eine lahme Ente.«

Ganna gluckste und wehrte entschieden ab.

»Nein, nein! Du sollst ja auch nicht ins Wasser. Du . . . du sollst nur . . . etwas stehlen.«

»Stehlen?«, rief ich aufgeregt aus.

»Nun ereifere dich nicht gleich so! Komm morgen mit, wenn ich dich abhole. Dann wirst du begreifen, was ich vorhabe.«

Ganna ist im Dorf schon immer für Aufregung gut gewesen. Je älter sie wurde, desto schöner war sie anzusehen. Aber anstatt sich zu fügen wie eine junge Frau, die einzig darauf wartet, dass ihr Vater sie ihrem zukünftigen Mann vorstellt, versuchte Ganna immer wieder ihren Kopf durchzusetzen. In ihrer Art sich aufzulehnen glich sie einem stolzen Pferd, das sich einfach nicht bändigen lassen will.

In jenen Tagen bedrängten mich häufig trübe Gedanken wegen meines ungewissen Schicksals. Dann war Ganna die Einzige, die mich davon durch ihren Mut und ihre Entschlossenheit, etwas anzustellen, mit einem Schlag befreite.

Über einen kleinen Wildpfad, vorbei an einer kleinen Senke, führte mich Ganna am darauf folgenden Tage in einem weiten Bogen hinunter zur Lippe. Schließlich gelangten wir oberhalb jener Stelle, an der die Männer des Nachbardorfes sich vergnügten, ihre Kräfte maßen oder lautstark von Kämpfen gegen Feinde prahlten, die sie schon bald ruhmreich zu bestehen gedachten. Diese jungen Männer waren ebenso wie wir vom Stamme der Brukterer und es kam nicht selten vor, dass sie aus den Reihen unserer Mädchen im Dorf ihre Frauen wählten, denn wir galten als die hübschesten weit und breit.

Ganna und ich suchten Deckung hinter einer kleinen felsigen Anhöhe, von der aus wir das Treiben am Fluss beobachten konnten.

Mir war nur zu klar, dass meine Freundin sich hier nicht zum ersten Mal aufhielt. Sie schien die Gegend bestens zu kennen und hatte schon alles für ihren Plan ausgekundschaftet.

Ganna zeigte auf die Gruppe am Fluss. Es waren etwa zwanzig junge Männer, die meisten von ihnen einige Jahre älter als wir. Während sich einige von ihnen im Wettschwimmen ergingen, versuchten andere am Ufer sich im Speerwerfen zu überbieten. Ein kleine Gruppe von vier Männern übte sich im Schwertkampf.

»Sie benutzen römische Schwerter«, klärte Ganna mich auf.

»Römische? Woher weißt du das?«

»Weil ich es nun einmal weiß!«, erwiderte Ganna eher unwillig. »Viel interessanter ist doch die Frage, ob die Römer ihnen diese Waffen freiwillig gegeben haben oder nicht!«

Ich schwieg.

Nach einer Weile stupste sie mich sanft in die Seite und flüsterte: »Siehst du dort hinten neben dem Holunderbusch die kleine felsige Stelle?«

Ich suchte sie mit den Augen und entdeckte, was Ganna meinte. Es war eine kleine, graue Felsplatte. Auf ihr lagen verschiedene Gegenstände ausgebreitet.

»Was ist das?«, wollte ich von ihr wissen.

»Das sind kleine verzierte Dolche, vergoldete

Speerspitzen, Amulette aus Bernstein, die sie unseren Männern bei den Wettkämpfen abgejagt haben. Darauf bilden sie sich mächtig was ein. Deshalb bringen sie ihre Beutestücke auch an jedem Tag, den sie hier am Wasser sind, mit um sich daran zu berauschen: Seht nur, wie gut wir doch sind. Niemand kann uns schlagen.«

»Hm!«, machte ich, denn ich wusste immer noch nicht, was Ganna vorhatte. Einerseits mochte es bitter für sie sein, dass die Männer aus dem Nachbardorf diese Schätze ihr Eigen nennen durften, andererseits hatten sie sie sich redlich bei den Wettkämpfen verdient. Wenn sie doch niemand von uns hatte schlagen können!

»Sie sollen ihre Beute ja auch behalten«, brummte Ganna gnädig, als ob sie meine Gedanken gelesen hatte. »Ich will ihnen nur eine kleine Lektion erteilen!«

»Und wie willst du das machen?«

»Ganz einfach! Du wirst sie ablenken, indem du dich dort vorne am Abhang hinunterschleichst, aber gib Acht, dass sie dich erst unten zu sehen kriegen. Sobald sie dich entdecken, werden sie alle versuchen deiner habhaft zu werden, denn Mädchen dürfen hier nun einmal nicht herkommen.«

»Ach, das ist aber angenehm!«, bemerkte ich säuerlich. »Und wie soll ich mich vor diesen Kämpfern in Sicherheit bringen?«

Gannas Mundwinkel verzogen sich zu einem breiten Grinsen.

»Das bleibt ganz allein dir überlassen, aber

selbst wenn sie dich erwischen sollten, werden sie dir kein Haar krümmen, vielleicht nur ein wenig ärgern, mehr wohl nicht.«

»Mehr nicht!«, bemerkte ich spitz.

»Tu es bitte für mich, Veleda. Für deine Freundin, denn während du sie ablenkst, werde ich ihnen ihre Schätze rauben.«

»Du willst sie bestehlen?« Ich war entsetzt.

»Ja. Das will ich. Ursprünglich hatte ich geplant, dass du ihnen die Trophäen wegnimmst, aber das ist ein zu großes Risiko. So habe ich anders entschieden. Du machst den Lockvogel und ich bin der Dieb.«

Ich schüttelte energisch den Kopf.

»Nein, Ganna! Das werde ich nicht tun! Es ist Unrecht, was du vorhast, und es wird die Götter zutiefst erzürnen!«

»Ich will mich ja nicht an den Schätzen bereichern, Veleda. Sie werden alle Gegenstände zurückerhalten – allerdings erst, nachdem sie mir etwas ganz Bestimmtes versprochen haben.«

»Und was ist das?«

»Darüber will ich jetzt nicht sprechen. Aber ich gebe dir mein Wort, Veleda, dass ich ihnen die Trophäen zurückgeben werde. Alle!«

Es war ihr ernst mit dem, was sie sagte, und ich glaubte ihr. »Gut! Du hast mich überzeugt! Ich helfe dir!«

Ganna rückte ganz nah an mich heran und küsste mich auf die Stirn. »Dafür hast du einen Wunsch bei mir frei. Was auch immer es sein wird, ich werde ihn dir erfüllen!«

Ich nickte. »Mir wird schon noch was einfallen«, versicherte ich.

Dann verließ ich vorsichtig unsere Deckung und stieg den schmalen Abhang hinunter. Bäume und Sträucher boten ausreichend Schutz, so dass ich vom Fluss aus nicht gesehen werden konnte. Zuletzt stand ich auf gleicher Höhe mit den jungen Männern. Ich wartete noch einen Augenblick lang, atmete tief durch und verließ dann das schützende Gebüsch. Nun war ich ihren Blicken ausgesetzt.

Sie bemerkten mich sofort.

»Da vorne! Seht doch nur! Dort steht ein Mädchen. Sie ist nicht von uns! Fangt sie!«, rief eine Stimme.

Wie Ganna es erwartet hatte, fühlten sich alle Jünglinge davon angesprochen und stürzten wie ein Mann auf mich zu. Ich beeilte mich davonzukommen, aber Laufen war noch nie meine Stärke gewesen. Sie hätten mich zweifellos eingeholt, wenn ich nicht mit einem Mal eine sichere Ahnung gehabt hätte. Ich rannte zwischen den Baumstämmen hindurch und spürte im Nacken schon den heißen Atem meiner Verfolger. Ich konnte nur hoffen, dass sich Ganna mittlerweile über die ausgebreiteten Schätze hergemacht hatte. Plötzlich überkam mich Angst. Angst davor, was sie mit mir anstellen würden, wenn sie mich erst einmal in ihrer Gewalt hätten. Ich brauche dringend Hilfe, hämmerte es in meinem Kopf.

Und da passierte es. Plötzlich wusste ich, wo

ich mich verstecken konnte. Als hätte ich den Baum schon einmal in meinem Leben gesehen, lief ich zielsicher auf ihn zu, bog ein wenig die Rinde an seinem Stamm zur Seite und schlüpfte in das Innere. Der Baum war hohl, fast so wie meiner auf der Lichtung. Von innen rückte ich die Rinde wieder an die richtige Stelle. Nun sah es von außen aus, als ob der Baum einen festen Stamm hätte und keineswegs morsch war. Meine Sehergabe hatte mich gerettet. Ich vernahm die aufgeregten Rufe meiner Verfolger, für die ich mich plötzlich in Luft aufgelöst haben musste. Sie riefen alle durcheinander und konnten nicht begreifen, wohin ich entschwunden sein mochte. Ruhig kauerte ich in meinem Baum und wartete ab. Nichts geschah. Nach und nach wurden die Rufe leiser. Da wusste ich, dass sich die jungen Männer wieder entfernten. Sie hatten die Suche nach mir aufgegeben. Ich wartete noch eine Zeit lang, dann verließ ich mein Versteck und kehrte zu dem Weg zurück, über den ich mit Ganna hierher gekommen war. Von ihr fehlte jedoch jede Spur. So ging ich allein ins Dorf zurück.

Am frühen Nachmittag traf ich Ganna überraschend am Dorfbrunnen. Sie hockte auf einem Baumstumpf, als sei nichts gewesen. Fortwährend warf sie einen kleinen Ball hoch in die Luft und fing ihn wieder auf.

»Es ist alles so geschehen, wie ich es geplant hatte«, raunte sie mir zu.

»Wo sind die Trophäen?«

»In Sicherheit!«

»Und was passiert jetzt?«

»Warte es ab!«

Am Abend ritt Catumer mit zwei seiner Männer ins Dorf um Mälo zu sprechen. Ganna und ich sahen sie in unserem Haus verschwinden. Kurze Zeit später hörten wir von drinnen großes Geschrei. Immer wieder brüllte mein Vater.

»Ich weiß nicht, wovon ihr redet. Wir haben eure Trophäen nicht geraubt! Weshalb beschuldigt ihr uns also?«

Wutentbrannt verließen Catumer und seine Leute schließlich unser Haus.

Als sie in unsere Nähe kamen, rief Ganna dem Anführer zu: »Catumer! Ich habe dir etwas Wichtiges mitzuteilen.«

Der Mann wandte sich ihr zu. Aus seinem Gesicht sprach nichts als Hochmut. Er war drei oder vier Jahre älter als Ganna, hoch gewachsen und von schöner Gestalt. Alles an seinen Bewegungen war geschmeidig. Catumer war weithin als großer Kämpfer berühmt. Seine ganze Art ließ erkennen, dass ihm Ganna gefiel. Aber sein Zorn über den dreisten Diebstahl war noch längst nicht verraucht.

»Wer bist du, Mädchen?«, raunzte er meine Freundin an.

»Ich bin Ganna. Du solltest dir meinen Namen merken, denn ich bin es gewesen, die eure Schätze unten am Fluss geraubt hat.«

Catumers Gesicht wurde rot vor Zorn. Er

stierte sie an, als sähe er Bilwis, einen frechen Erdgeist.

»Du, Mädchen? Du hast es gewagt, uns zu bestehlen? Ist das wirklich wahr oder willst du dich vor uns bloß wichtig tun?«

Gannas Augen blickten kalt.

»So wahr wie ich die beste Schwimmerin weit und breit bin«, erwiderte sie ungerührt.

Catumer überhörte ihre unverschämte Behauptung.

»Wenn du die Dinge wirklich gestohlen hast, dann gib sie uns auf der Stelle zurück.«

Drohend kam er einige Schritte näher. Gannas Miene blieb immer noch unbewegt. »Nein! Ihr sollt sie erst zurückerhalten, wenn euer bester Schwimmer gegen mich angetreten ist.«

Catumers Gesicht verfärbte sich noch eine Spur dunkler. »Was soll das heißen, kleines Mädchen? Du stellst Bedingungen wie ein Mann! Willst gar gegen mich, Catumer, antreten? Bist du von Sinnen?«

Ich bewunderte Gannas Ruhe. Nichts schien sie darin stören zu können.

»Ich bleibe bei dem, was ich angeboten habe: Entweder darf ich gegen dich kämpfen oder ich werde alle Trophäen im Fluss versenken.«

Catumer verlor allmählich die Fassung.

»Du musst wirklich von Sinnen sein! Warum bedrängst du uns so, dass du schon beinahe Feindschaft zwischen unseren beiden Dörfern säst? Was du getan hast, ist kein Streich, wie ihn ein Kind sich erlauben darf.«

Ganna hob beschwichtigend die Arme. »Zwietracht zu säen liegt mir fern! Und ein Kind bin ich längst nicht mehr! Denn um die Ehre meines Dorfes wieder herzustellen werde ich dich besiegen, Catumer!«

Die fast gleichgültige Art, mit der sie das sagte, ließ den jungen Mann zusammenfahren. Er spürte, dass es Ganna zutiefst ernst war. Auch ich war überrascht zu hören, was Ganna vorhatte. Deshalb also hatte sie mir nichts sagen wollen! Das also war ihr Plan gewesen. Sie hatte die wertvollen Trophäen geraubt um eine Chance zu erhalten, gegen Catumer anzutreten. Denn es entsprach nicht dem Brauch, dass ein Mädchen einen Mann herausforderte.

Plötzlich schlich sich ein böses Lächeln auf Catumers Lippen.

»Einverstanden, Mädchen, aber auch ich habe an dich eine Forderung bei unserem ungewöhnlichen Wettstreit.«

Ganna zuckte die Achseln. »Welche?«

»Nun, du wirst uns die Dinge zurückgeben, die du uns gestohlen hast. Das hast du versprochen, aber zusätzlich wirst du mir im Falle deiner Niederlage erlauben dich übers Knie zu legen.«

Er wollte sie also wie ein ungehorsames Kind aufs Hinterteil schlagen. Eine weitere Demütigung zu ihrer voraussichtlichen Niederlage beim Schwimmen.

Ganna betrachtete den jungen Mann vor sich ungerührt. Sie warf den Ball hoch hinauf in die Luft und fing ihn geschickt wieder auf. Ihre

Hände zitterten nicht im Geringsten, während ich allein vom Zuhören schon schweißgebadet war. »Einverstanden, Catumer! Aber nur, wenn du mir im Falle *meines* Sieges alle Trophäen überlässt!«

Catumer schluckte und wurde blass. Zum ersten Mal betrachtete er Ganna genauer und stellte fest, dass ihre Gestalt nicht nur anmutig, sondern auch durch körperliche Übungen gestärkt war. Für einen kleinen Moment mochten ihn wohl Befürchtungen beschlichen haben, dass dieses Mädchen vielleicht tatsächlich eine ernst zu nehmende Gegnerin für ihn darstellte. Aber rasch verwarf er diesen Gedanken wieder. Ganna war bloß ein Mädchen und er war ein Mann. Zudem der beste Schwimmer seines Dorfes. Wie konnte sie ihm da gefährlich werden?

»So stehen die Bedingungen für unseren«, er grinste spöttisch, »ungleichen Kampf also fest.« Es klang schrecklich herablassend. Sein Grinsen wurde noch eine Spur breiter, als er sagte: »Morgen früh treffen wir uns an der Stelle, die du ja inzwischen so gut kennst.«

Dann murmelte er irgendetwas Spöttisches zu seinen zwei Begleitern, die ebenfalls anfingen breit zu grinsen, um sich danach grußlos von uns zu entfernen.

Ich seufzte laut.

»Die Götter mögen dir beistehen, Ganna! Du wirst seine Hand gewaltig zu spüren bekommen, schätze ich. Diesmal bist du zu weit gegangen!«

Sie schien mich gar nicht richtig gehört zu haben. Stattdessen fragte sie mich mit leicht verklärtem Blick: »Wie findest du ihn?«

»Wen?«

»Catumer natürlich. Ist er nicht großartig?«

»Er ist stark und hoch gewachsen.«

»Und seine Augen?«

»Manchmal scheinen sie auf einen wie auf einen Wurm herabzublicken!«

Ganna winkte ab.

»Ach du! Was du da redest! Ich jedenfalls finde ihn . . .«

Jetzt erst begriff ich so richtig.

»Du . . . du hast dich in ihn . . . verliebt!«

Sie errötete leicht.

»Ja, nein, ja . . . Ach, das ist nicht das richtige Wort, Veleda! Ich denke, dass wir zwei ein gutes Paar abgäben. Ich will nicht, dass mein Vater mich mit irgendjemanden verheiratet. Ich will Catumer. Aber er soll auch wissen, wen er bekommt. Ich bin nicht nur gut fürs Haus, die Sklavinnen und für die Überwachung der Feuerstelle.«

»Ich verstehe. Und durch diesen Wettstreit willst du es ihm zeigen?«

Sie nickte. »Ja! Aber ich will auch die Ehre unseres Dorfes wiederherstellen.«

»Du wirst niemals gewinnen! Niemals!«, rief ich fassungslos aus.

»Ist das deine eigene Einschätzung oder siehst du das voraus, Veleda?«

Ich starrte sie an. »Ich sehe das nicht voraus.

Ich habe nur noch nie gehört, dass eine Frau einen Mann beim Schwimmen geschlagen hat.«

»Dann schau es dir morgen früh an!«

Mit diesen Worten drehte sie sich um und schlenderte davon. Ich sah ihr nach, bis sie zwischen zwei Häusern verschwunden war. Welch seltsamer Geist war nur in meine Freundin gefahren?

Jeder kann sich vorstellen, dass der hinterhältige Diebstahl und der ungewöhnliche Wettkampf noch Monde später für Gesprächsstoff sorgte.

Selbstverständlich fanden sich fast alle Bewohner der beiden Dörfer am nächsten Tag am Fluss ein um dem Ereignis beizuwohnen.

Mälo schüttelte nur immer wieder fassungslos den Kopf. »Ich begreife das nicht! Ganna ist vollkommen verrückt geworden. Sie hält sich wohl für einen Krieger. Nicht einmal ich könnte Catumer besiegen. Wenn sie verliert, dann werden die anderen nicht nur über sie, sondern auch über uns lachen. Lachen, bis ihnen beinahe die Bäuche platzen über so viel Unverstand, den sie zur Schau stellt.«

Auch Gannas Vater versuchte den Wettstreit noch zu verhindern. Er drohte Ganna mit harten Strafen, wenn sie nicht unverzüglich die geraubten Trophäen herausrückte. Und zwar ohne jegliche Bedingung. Und entschuldigen müsse sie sich obendrein noch! Aber vergeblich! Meine Freundin blieb stur bei dem, was

sie auch schon Catumer ins Gesicht gesagt
hatte.

»Ohne diesen Wettstreit keine Rückgabe der
Trophäen! Versenken werde ich sie im Fluss!«

Ihr Vater schnaubte wie ein wütender Stier,
aber es nützte alles nichts. Ganna ließ sich nicht
beirren, selbst auf die Gefahr hin, im Nachhinein aus der Dorfgemeinschaft ausgeschlossen
zu werden. Das hätte Verbannung bedeutet und
ihren sicheren Tod. Niemand anders hätte sie
aufgenommen, weil sie sich gegen das Wohl aller gestellt hatte. Ich selbst wusste auch nicht,
wie ich Gannas Verhalten beurteilen sollte. Für
das Ansehen des Dorfes war das, was sie
machte, sehr schlecht. Zugleich erkannte ich
aber auch, was sie bezweckte, und konnte nicht
umhin, sie insgeheim zu bewundern. Auch
wenn ihr Plan allen überkommenen Regeln
Hohn lachte. Auch wenn niemals zuvor eine
Frau Ähnliches gewagt hatte. Auch wenn
Ganna uns alle vermutlich ins Unglück stürzte.
Ich hielt zu ihr, sagte aber nichts.

Viele Menschen standen gespannt am Ufer
und erwarteten das ungleiche Paar. Als Erster
erschien Catumer, reckte seine Arme in die
Höhe, bewegte sich geschmeidig wie ein Luchs
und wurde von seinen Leuten mit lauten Jubel-
rufen schon als der Sieger gefeiert.

Dann kam Ganna, grüßte mit leiser Stimme
kurz die Umstehenden und deutete danach auf
den Fluss.

Catumer erklärte die Regeln: »Wir werden

dreimal hin- und dreimal zurückschwimmen! Wer von uns beiden zuerst hier am Ufer anschlägt, hat gewonnen.«

»Ich bin einverstanden!«, sagte Ganna mit sanfter Stimme.

»So lange will ich hier aber nicht warten, bis das Mädchen bei Sonnenuntergang endlich wieder angekommen ist«, rief jemand aus der Menge.

Alle lachten. Mälo zog die Stirn in Falten. Das fing ja gut an. Wie man es auch drehte und wendete, es war ungünstig und schlecht für unser Dorf, dass es meinem Vater nur so grauste. Wenn das nicht noch weit reichende Folgen nach sich zieht, dachte er wohl bitter.

Catumer entkleidete sich und Ganna ebenfalls. Als er das Mädchen vollkommen nackt am Ufer stehen sah, überzog eine leichte Röte sein bartloses Gesicht. Vielleicht verglich er sie in diesem Moment mit Freya, der schönen Göttin der Liebe. Dann gab jemand das Zeichen anzufangen. Daraufhin sprangen beide fast gleichzeitig in den Fluss. Sofort begleiteten Catumer die anfeuernden Rufe seiner Freunde und der anderen Bewohner seines Dorfes.

Für Ganna interessierte sich niemand. Aber da hielt mich nichts mehr zurück.

»Ganna, schwimm! Ganna, schwimm! Schneller als ein Fisch, als der Krug fällt vom Tisch!«

Das hatte ich mir ausgedacht. Es klang blöd, aber es sollte ihr zeigen, dass wenigstens einer an sie dachte. Ob Ganna mich allerdings hörte, bezweifelte ich. Zu laut waren die Stimmen, die für Catumer brüllten.

Aber dann geschah das Unerwartete. Mälo und die Menschen aus meinem Dorf verfolgten reglos, was im Wasser passierte. Zur allgemeinen Überraschung sah der Wettkampf für Ganna gar nicht schlecht aus. Denn Ganna hielt mit. Sie blieb dicht hinter Catumer. Der lag zwar von Anfang an eine ganze Länge voraus, aber selbst nach zwei Durchgängen hatte er das Mädchen immer noch nicht hinter sich lassen können. Nun erwachten auch unsere Leute allmählich aus ihrer Erstarrung. Sie erkannten, dass Ganna durchaus nicht geprahlt hatte. Und sie schien immer noch genügend Kräfte zu haben, um Catumer doch noch einzuholen.

»Ganna, schwimm! Ganna, schwimm!«

»Catumer, gewinn! Catumer, gewinn!«

So riefen plötzlich die beiden Parteien am Ufer der Lippe. Ganna wurde schneller, schien mitbekommen zu haben, dass sie die Rufe der Menschen, die sie kannten, begleiteten. Catumer aber wurde plötzlich langsamer. Auch er hatte längst bemerkt, dass Ganna eine ernst zu nehmende Gegnerin für ihn war. Sie setzte ihn mächtig unter Druck. Wenn er sich nicht noch steigerte, würde er verlieren. Ganna war bereits auf eine halbe Länge an ihn herangekommen. Und bei der Wende am gegenüberliegenden Ufer hatte sie ihn sogar ganz eingeholt.

Schließlich schwammen sie beide Kopf an Kopf die letzte Strecke zurück.

Plötzlich war es totenstill am Fluss geworden. Beide Parteien hielten atemlos Ausschau nach ihren Schwimmern.

Sie gewinnt, dachte ich innerlich zitternd. Und zugleich erkannte ich, was das für Catumer bedeuten würde. Von einer Frau in der Kunst geschlagen zu werden, die er weit und breit am besten beherrschte, würde er nicht verwinden können.

Und dann sah ich, dass Ganna kurz bevor sie beide das Ufer erreichten, knapp zurückfiel. Catumer schlug als Erster an und unmittelbar nach ihm Ganna. Es lag nur eine Unterarmlänge zwischen den beiden. Sie hat ihn gewinnen lassen, durchfuhr es mich. Ob er es wusste?

Catumer wurde umjubelt. Ganna bleckte ihre Zähne und lachte. Mein Vater legte ihr einen Mantel um die Schulter.

»Großartig, Ganna! Du bist die beste Schwimmerin, die ich jemals gesehen habe!«

Er hätte auch sagen können, dass niemand, auch kein Mann, aus unserem Dorf besser war als sie, aber das brachte er nicht über die Lippen.

Ganna eilte zu Catumer um ihm zu gratulieren. Dabei zeigte sie auf ein Leinentuch am Boden, in das die Trophäen eingeschlagen waren.

»Da habt ihr sie wieder zurück, Catumer!«

Der Mann betrachtete sie aufmerksam von

oben bis unten und diesmal lag weder Spott
noch Hochmut in seinen Augen.

»Für den Fall deiner Niederlage habe ich mir
noch etwas ausbedungen. Erinnerst du dich,
Ganna?«

»Bitte!«, antwortete sie. »Ich stehe zu meinem Wort.«

Da fasste er sie an den Schultern, beugte sich
zu ihr herab und küsste sie sanft auf den Mund.

Danach wandte er sich an die Umstehenden:
»Ich will niemanden anders als Ganna zur Frau
nehmen! Sie ist mutig wie keine Zweite, sie ist
stark wie keine andere Frau, die ich kenne, und
sie schwimmt so sicher wie eine Forelle im
Wasser.«

Ganna kicherte. Ihr Gesicht war vor Aufregung puterrot geworden.

»Hört mir zu und vernehmt meine Worte«,
fuhr Catumer mit seiner Rede fort. »Alle hier
sollen es aus meinem Munde erfahren. Ich will
Ganna aus der Bärensippe zur Frau. Noch
heute Abend werde ich mit ihrem Vater über alles Weitere sprechen.«

»Ich will dich auch«, raunte Ganna ihm leise
zu. Und wenn es Catumer bis dahin noch nicht
gemerkt haben sollte, spätestens jetzt musste
ihm deutlich werden, wie ungewöhnlich meine
Freundin wirklich war. Sie hatte ihn ausgesucht
und auch bekommen. Wann hatte es das jemals
gegeben?

Zwischen Menschen und Göttern

Die Zeit, die danach anbrach, war nur kurz, aber sie gehört zu den schönsten in meinem Leben. Wenn ich auch zunächst eher Grund hatte, betrübt zu sein. Ganna und Catumer würden schon bald eine Familie gründen. Ich freute mich sehr für sie, doch mit ihrer Heirat würde Ganna aus unserem Dorf fortgehen. Sie würde fortan in Catumers Haus wohnen und ihm viele Kinder gebären. Dann waren die Zeiten endgültig vorbei, in denen Ganna mich mitnahm um etwas Verrücktes auszuhecken.

Ich versuchte mich damit zu trösten, dass auch ich irgendwann einmal eine Familie haben würde – ebenso wie sie. Einen jungen Mann, mit dem ich Söhne und Töchter haben würde, würde Mälo mir an die Seite stellen, so wie es bei Germanen üblich war. Ich war mir sogar sicher, dass das nicht mehr allzu lange auf sich warten lassen würde.

Als ich dies Ganna gegenüber andeutete, schaute sie mich seltsam an.

»Das meinst du nicht wirklich ernst, Veleda!«, gab sie mir zur Antwort. »Du willst mich bloß aufheitern, nicht wahr?«

»Aber nein!«, protestierte ich. »Auch ich freue mich schon darauf, eines Tages so wie du einem Mann zu begegnen, wenn ich auch davon überzeugt bin, dass Mälo mir bereits einen ausgesucht hat.«

Ganna starrte mich fassungslos an. »Du meinst es wirklich ernst. Du treibst nicht deinen Spaß mit mir. Ich sage dir was: So sicher, wie der Fenriswolf in Banden liegt, so sicher hat Mälo noch keinen Mann für dich ausgesucht.«

»Woher willst du das wissen?«, entgegnete ich ein wenig gereizt.

Ganna schüttelte den Kopf. »Also, ich weiß ja nicht genau, was sie mit dir vorhaben, aber eines steht so felsenfest wie die großen heiligen Steine im Osten, hinter denen sich das Land der Cherusker erstreckt: Du wirst niemals mit einem Mann zusammenleben oder von einem Kinder bekommen.«

»Und warum nicht?« Ich war schier entsetzt über das, was sie mir da an den Kopf warf. »Ich blute, so wie alle Frauen bluten, also kann ich auch Kinder empfangen.«

»Richtig, aber sie werden dich keine empfangen lassen.«

Allmählich bekam ich den Eindruck, dass mich meine Freundin verletzen wollte. Das war schon kein Ärgern mehr. Das tat mir sehr, sehr weh! Aber warum verhielt sie sich mir gegenüber so? Hatte ich ihr etwas angetan, dass sie sich derart an mir rächen wollte?

Ganna schien zu verstehen, dass ich Ahnungslose sie im Verdacht hatte, mir mit Absicht Schmerz zuzufügen. Sie schüttelte den Kopf, dass ihre blonden Zöpfe nur so flogen.

»Nein, Veleda, nicht ich bin es, die dir wehtun will. Es ist das, was du bist, was dich anders sein lässt. Du bist eine Priesterin! Du bist ausschließlich für den Stamm da, vermutlich sogar für andere Stämme mit. Du gehörst ihnen, wie eine Priesterin den Göttern gehört. Du bist ihre Hoffnung, ihr letzter Halt, vielleicht sogar ihre wirkungsvollste Waffe gegen die Römer. Du bist das mächtige Wort der Götter. Du bist ewig jungfräulich. Du wirst immer ohne Mann sein. Du bist wie keine sonst weit und breit. Du bist Veleda, die Seherin der Germanen!«

»Du meinst . . .?«

Ich schluckte mehrmals heftig und meine Augen füllten sich mit Tränen.

»Du bist keine Frau wie ich, Veleda! Oder wie Wilrun, deine Mutter! Du bist eine, die zwischen Menschen und Göttern steht. Du gibst ihre Wünsche und Fragen an die Ewigen weiter und teilst göttliche Antworten den Menschen mit.«

Es klang, als spräche sie von einem Ungeheuer.

»Das bin ich?«

Ganna nickte traurig.

»Seherin, das bleibst du ein Leben lang. Aber bis es wirklich anfängt, haben wir noch eine kleine Frist. Noch bin ich nicht Catumers Weib und du nicht Priesterin unseres Volkes. Deshalb lass uns die Zeit genießen! In diesem Sommer schiebt Sunna ihren feurigen Wagen offensichtlich mit besonders großer Freude über das blaue Himmelszelt. Wann haben wir jemals so laue Nächte erlebt, dass man weder friert noch darauf hofft, dass Notts schwarzer Mantel sich endlich wieder vor uns verberge? Lass uns also noch so lange etwas gemeinsam unternehmen, bis sie uns einfangen. Später werden wir es nicht mehr können. Komm, ich führe dich dorthin, wo wir beide nichts als Freude haben!«

Ganna, ach geliebte Ganna, wie sehr vermisse ich dich hier im Feindesland!

Ich blickte die junge Frau überrascht und besorgt zugleich an. Offensichtlich fehlte ihr die Vertrautheit dessen, was sie für immer verloren hatte. Das schmerzte sie offenbar sehr. Und für einen Moment überlegte ich, ob ich nicht besser darauf verzichten sollte, noch weiter in ihre Vergangenheit einzudringen. Aber da schaute mich die Germanin auf einmal stolz und eindringlich an.

»Auch wenn ich leide, Römer, bewahre ich mir doch meine Selbstachtung! Ich spreche ganz offen zu dir, lasse dich an meinen Gefühlen teilhaben. Das ist nicht selbstverständlich für eine Germanin. Es soll dir zeigen, Marcus Sempronus, dass ich dir vertraue.«

In diesem Augenblick geschah etwas höchst Seltsames. Etwas, das Veleda noch niemals zuvor erlebt hatte.

Die Erde bebte für einen kurzen Moment.

»Was ist das?«, rief sie erschrocken aus. »Der Boden unter meinen Füßen hat sich bewegt.«

»Kein Grund, sich zu fürchten«, beruhigte ich

sie. »So lange ich hier lebe, kenne ich es nicht anders. Die Erde schwankt und manchmal stürzen davon sogar Häuser ein. Das kommt daher, dass wir in der Nähe des Tores zur Unterwelt leben.« Ich deutete auf den Vesuv. »Dort tief in seinem Innern steigen die Seelen der Toten hinab um in den Hades zu gelangen!«

Veleda blickte überrascht zu dem Vulkan hinüber, aus dessen Spitze sich eine feine weiße Rauchsäule erhob.

»Du meinst, das dort drüben ist der Eingang zum Totenreich?«

»So ist es, Veleda!«

Die Germanin zeigte sich tief beeindruckt.

»Dann kann ich also gar nicht so verloren sein, denn wo die Totengöttin Hel ihr Reich hat, sind auch diejenigen zu finden, die ich einstmals geliebt habe und die von mir gingen, wie es das Leben nun einmal vorsieht.«

Ich ergriff ihre Hand und blieb stumm. Aber meine Augen suchten die ihren und unsere Blicke versenkten sich ineinander. Doch plötzlich riss sich Veleda von mir los und wandte sich erschrocken von mir ab. Vielleicht hatte ich zu viel von meinen Gefühlen preisgegeben. Aber sie fing sich schnell, wandte sich mir wieder zu und lächelte milde.

»Lass uns nach Hause zurückkehren!«, schlug ich vor. »Es ist schon spät und sie erwarten uns dort bereits. Wir können ja morgen, wenn du willst, wieder ans Meer zurückkehren!«

Der Turm der Seherin

Am anderen Morgen entdeckte ich meine junge germanische Gefangene im Innern des großen Trikliniums, das sich gleich hinter dem Portikus anschloss. Veleda war ganz in die Betrachtung der kostbaren Mosaiken des Fußbodens versunken. Aus schwarzen und weißen Steinchen gelegt, zeigten sie einen Bären, der von mehreren Jagdhunden und drei Jägern zugleich angegriffen wird. Das große schwarze Tier sah dem Treiben seiner Feinde eher gleichgültig zu, während die Hunde ihre Mäuler angriffslustig öffneten und die Jäger ihre langen Spieße zum Todesstoß bereithielten.

Als Veleda mich bemerkte, löste sie ihren Blick von der Darstellung und schaute mich an. Ich kam mir plötzlich vor wie ein Eindringling. Verlegen senkte ich meine Augen.

»Ist es nicht sehr schmerzlich, dass ihr die Bilder eurer Künstler derart mit Füßen tretet?«

»Auch wenn wir darüber hinweglaufen, so erweisen wir der Darstellung dennoch unsere Ehre«, wies ich ihre Behauptung zurück. »Fast jede Villa in Pompeji besitzt solch einen Fußboden. Nur ist jedes Mal etwas anderes dargestellt. Bei unserem Freund Coelius Caldus, der sogar zwei Konsuln zu seiner Familie zählen darf, sieht man im Innern seines Hauses die Jagd auf einen Eber. Wir Römer erfreuen uns daran, unsere Villen durch die Werke bedeutender Künstler zu verschönern.

»Und es lässt die Gedanken abschweifen«, ergänzte Veleda. »Wie Recht du hast, Marcus Sempronus! Auch mich ließ dieses Bild auf dem Fußboden an dies und jenes denken. Es hat mich froh gestimmt. Wie schön wäre es gewesen, wenn ich solch eine erlesene Kostbarkeit auch in meinem Turm besessen hätte. Es hätte mich angenehm über manch trüben Tag hinweggeführt.«

»In deinem Turm?«, runzelte ich fragend die Stirn. Aber dann fiel es mir wieder ein. »Ach ja, du erwähntest es früher schon einmal, dass du in einem Turm gewohnt hast. Das ist sehr seltsam, weil ich nicht so recht begreife, was das für ein Turm im Lande der Brukterer gewesen sein soll.«

»Lass uns in den Garten hinausgehen«, schlug die Germanin vor. »Wir können später am Tage noch an die See. Vorher will ich dir von meinem Turm erzählen, meinem Gefängnis, meinem Schutz, meinem Tempel, meinem Raum, in dem ich den Stimmen der Göttern so viele Winter lang begegnete. Ich habe selbst nicht gewusst, dass Germanen Türme errichten können, und war so überrascht wie du, als ich davon erfuhr . . .

Zusammen mit Ganna habe ich in jenem Sommer die schönsten Momente erleben dürfen. Was mich an Ganna immer so sehr angezogen hat, war ihre unerschütterliche Unbekümmertheit. Nichts, gar nichts schien für sie unerreichbar zu sein. Sie hat sich immer mehr zugetraut als ich. Und ich habe sie deswegen umso mehr bewundert und geliebt.

Wir waren zwei Wesen, für die es nichts anderes gab als das, was ihnen Freude bereitete. Wir schwammen ausgelassen wie Kinder im Fluss, lagen anschließend am Ufer und ließen unsere nackten Körper von Sunnas üppiger Wärme trocknen. Wir folgten den schmalen Rinnsalen im Wald wie Jäger einer Fährte um uns unterwegs mit wilden Beeren die Bäuche voll zu stopfen. Wenn wir dann später die Quelle des Rinnsals entdeckt hatten, jubelten wir so laut wie Männer, die einen verborgenen Schatz gehoben hatten. Ein andermal beobachteten wir heimlich junge Krieger beim Speerwurf und bewerteten kichernd ihre Geschicklichkeit oder Ungeschicklichkeit. Einmal schafften wir es sogar, ein paar Jägern, die ein Wildschwein erlegt hatten, dieses zu entwenden, noch bevor sie die Stelle erreicht hatten, an der es tot zusammengebrochen war. Während sie der Verzweiflung nah hinter jedem Baum und unter jedem Gebüsch nach ihrer abhanden gekommenen Beute suchten, lagen wir im nahen Gebüsch gut versteckt und pressten uns gegenseitig die Hände auf den Mund um nicht vor Lachen loszuprusten. Nachdem wir das Schwein zuvor mühsam durch den ganzen Wald gezerrt hatten, legten wir es später an einer Stelle ab, an der die enttäuschten Jäger auf ihrem Rückweg ins Dorf vorbeikommen mussten. Und erneut konnten wir uns nur mit Mühe ein lautes Lachen verbeißen, als wir ihre verwirrten Gesichter sahen. Von üblen Zwergen redeten sie und arglistigen Bilwissen, die sich über sie lustig machten.

Es war so herrlich schön zusammen mit meiner Freundin, dass ich oft abends, wenn ich mich auf meinem Strohlager hin und her wälzte, weil ich unter dem Eindruck des Erlebten nicht einzuschlafen vermochte, vor Freude weinte. Was mir doch für unvergessliche Augenblicke durch Ganna geschenkt wurden, dachte ich zufrieden. Niemand kam uns in die Quere. Niemand schien sich daran zu stören, wie häufig ich schon frühmorgens mit Ganna aus dem Dorf verschwand um erst spätabends zurückzukehren. Es hätte mich stutzig machen sollen, dass mich niemand daran hinderte. Ja, einmal passierte es sogar, dass Waluburg hinter uns herwinkte. Dieses Verhalten war so ungewöhnlich, dass ich einfach hätte misstrauisch werden müssen. Aber die schönen Tage vernebelten meinen Blick oder ich wollte es einfach nicht wahrhaben, dass schon bald ein ganz anderes Leben auf mich zukommen würde. Seltsamerweise war nicht ich es, die das Ende ankündigte, sondern Ganna.

Wir saßen an dem Brunnen, wo Catumer einst von Ganna angesprochen worden war. Nott war mehr und mehr im Begriff, ihren Wagen vor den Sunnas zu schieben.

»Schon morgen, so fürchte ich, Veleda, wird sich alles ins Gegenteil verkehren. Dann wird es uns so erscheinen, als ob Ginnungagap sich

anschickte alles, was uns schön und gut vorgekommen ist, verschlingen zu wollen.«

Ich zuckte zusammen, als hätte mich jemand
am bloßen Rücken mit einer kalten Schwert-
klinge berührt. »Was willst du damit andeuten,
Ganna?«, rief ich. »Warum sollte es morgen
nicht so sein wie heute?«

»Weil ich heute Morgen deinen Vater und
Waluburg miteinander habe reden hören. Sie
sagten, dass dein Haus endlich fertig gebaut
ist.«

Ich starrte sie an.

»Mein Haus? Was redest du da? Siehst du
denn hier im Dorf ein neues Haus? Wo soll es
denn stehen, mein Haus?« Ratlos deutete ich in
die Runde. Nirgendwo im Dorf der Bärensippe
hatte man mit einem Bau begonnen. Was also
faselte Ganna da?

Aber ein Blick in ihr Gesicht genügte mir zu
verraten, dass sie offensichtlich mehr wusste
als ich.

»Dein Haus ist wirklich vollendet worden. Ich
habe es mit eigenen Augen gesehen«, versicherte sie mit großem Ernst.

»Und wo ist es? Warum kann ich es nicht sehen?«

»Es befindet sich außerhalb des Dorfes. Die
Männer haben viele Monde daran gebaut. Es ist
das merkwürdigste Haus, das ich jemals zu Gesicht bekommen habe.«

»Außerhalb des Dorfes, sagst du?«

Ich war schier entsetzt.

Ganna nickte.

»Ich bin ihnen einige Male heimlich gefolgt. Es steht unten am Fluss, mitten im Sumpf und damit gut vor neugierigen Blicken verborgen.«

»Zeige es mir«, forderte ich sie auf. Aber meine Freundin weigerte sich. Das war seltsam, denn Ganna fürchtete sich doch sonst vor niemandem. »Verlange das nicht von mir! Die Götter würden mich schwer bestrafen, wenn ich dich dorthin führte.«

Ich war sprachlos und konnte nicht fassen, was sie mir erzählt hatte.

»Warum denn außerhalb des Dorfes? Wollen sie mich verbannen? Wer außer mir wird denn sonst noch dort leben? Meine Schwestern oder irgendwelche Verwandte?«

Ganna schüttelte erneut ratlos den Kopf.

»Ich weiß es nicht, Veleda! Dringe nicht so in mich! Ich weiß nicht, was sie mit dir vorhaben. Dein Haus ist so ungewöhnlich, dass ich es nicht einmal beschreiben kann. Ich ahne allerdings, dass sich Waluburg das alles ausgedacht hat.«

Allmählich beschlich mich Angst. Was war das für ein seltsames Haus, für das Ganna die Worte fehlten?

Das Schrecklichste war, dass es außerhalb des Dorfes, außerhalb des Schutzes der Bärensippe errichtet worden war. Ich konnte doch nicht fortan ohne meine Familie sein! Ich war doch ohne Mann und eine Brukterin lebt nicht allein irgendwo. Immer ist ihre Sippe, ihre Familie um sie herum. Nur Ehrlose verbannte man in die Wälder, wo sie, weil sie von jedem erschlagen werden konnten, zumeist schon nach kurzer Zeit elendig zu Grunde gingen. Was aber hatte ich getan, dass man mich derart schrecklich bestrafte?

Doch bevor man mir mein Haus zeigte, sollte Sunna ihren glänzenden Wagen noch zweimal über den Himmel schieben. Ich erinnere mich, dass ich an diesem Tag zuerst den warnenden Ruf des Waldkauzes hörte. Da schaute ich unwillkürlich auf und entdeckte am unteren Ende des Dorfes ein Gefolge von mehreren Leuten. Gemessenen Schrittes waren sie unterwegs und allmählich dämmerte es mir, dass sie zu Mälos Haus wollten. In diesem Augenblick vernahm ich den durchdringenden Schrei einer Elster, die am Himmel über mir ihre Kreise zog.

Da wurde mir bewusst, dass für mich die Zeit gekommen war, endgültig Abschied zu nehmen. Beide Vögel, Waldkauz und Elster, können gegensätzlicher nicht sein. Lebt der eine im Verborgenen und jagt im Dunkeln, so sucht der andere die Nähe der Menschen, raubt alles, was in der Sonne glänzt, und gilt zugleich als Bringer von Unglück. Ich gebe zu, dass ich mich in beiden Vögeln wieder erkannte oder zumindest wieder erkennen wollte.

Neugierig betrachtete ich den Zug der Näherkommenden. Ich konnte einzelne Gesichter in dem Gefolge ausmachen. Waluburg sah ich und zwei weitere Priesterinnen der Heiligen

Steine, die ich noch von König Gunnars Begräbnis her kannte. Die Heiligen Steine erheben sich seit Urzeiten geheimnisvoll und mächtig am Rande des Cheruskerlandes. Zu ihren Füßen liegen die großen steinernen Gräber gefallener Recken, die nur von Riesenhand errichtet worden sein können. Wodans Sohn Donar wird hier verehrt, jener Gott, der die Menschen vor den Ungeheuern der Nacht beschützt. Sein heiliger Baum ist die Eiche und seine Priester und Priesterinnen huldigen diesem mächtigen Baum am Ende eines heiligen Hains und zu Füßen der großen grauen Steinsäulen.

Zuletzt hielt der Zug der Menschen vor mir an. Neugierig betrachtete ich die verschlossenen Gesichter. Waluburg war es, die nach einer Weile als Erste das Wort ergriff.

»Höre, Veleda, heute ist endlich der Tag angebrochen, von dem an du deine heilige Aufgabe als Priesterin erfüllen wirst. Um dich zu ehren und in dein Amt einzuführen werden dich die Priester und Priesterinnen des Gottes Donar gemeinsam mit jenen der Göttin Tamfana begleiten. Denn wisse, dass dein Haus von uns allen bereitet wurde. Ich rufe nun deinen Vater Mälo, damit er dich für alle Zeit den Göttern übergibt.«

Die Hagedise räusperte sich und richtete ihren Blick auf den Eingang unseres Hauses. Ich selbst blieb wie angewurzelt auf der Bank unterhalb der Windaugen sitzen. Die feierliche Einführung hatte mich vollkommen überrumpelt.

Ich verfolgte, was geschah, aber zugleich kam es mir vor, als stünde ich neben mir und das alles ginge mich nichts an.

Mälo trat auf den Ruf der Hagedise hin aus seinem Haus heraus und begrüßte kurz die Schar der Priester.

Dann führte Waluburg ohne Umschweife die Zeremonie weiter: »Willst du, Mälo, uns deine Tochter Veleda für immer anvertrauen, damit sie fortan Auge und Ohr, Zunge und Geist der ewigen Götter sei, wie es ihr seit ihrer Geburt vorbestimmt ist? Aber bedenke, dass sie dir dann nicht mehr gehört!«

»Ich will es!«, antwortete mein Vater feierlich. »Sie soll den Göttern gehören und fortan nicht mehr bei meiner Familie sein.«

»Dann möge Veleda zurück ins Haus gehen um für ihre Aufgabe festlich geschmückt zu werden.«

Ehe ich mich's versah, nahmen mich zwei der Priesterinnen, die nicht viel älter waren als ich, in ihre Mitte und zogen mich ins Haus, wo sie mich auszogen, wuschen und in neue Gewändern steckten. Mein langes Haar wurde mit einem Aufsteckkamm hochgebunden, meine Arme mit goldenen Reifen verziert. Am prächtigsten aber war das weiße Gewand, das am Hals und am Saum rot abgesetzt war und von einer goldenen Fibel über den Brüsten zusammengehalten wurde. Als ich die rote Farbe an meinem Gewand bemerkte, wurde ich gewahr, welche bedeutende Aufgabe ich zukünftig zu erfüllen hatte. Nur die Mächtigsten im Lande, die Könige, aber auch die Oberpriester dürfen Gewänder tragen, die rot gefärbt oder rot verziert sind.

So prächtig hergerichtet wurde ich wieder nach draußen und von dort auf den runden Platz in der Mitte des Dorfes geführt. Hier im Herzen des Wohnsitzes der Bärensippe hatte sich in der Zwischenzeit eine große Menschenmenge eingefunden. Ich war überrascht. Unter den vielen unbekannten Gesichtern entdeckte ich schließlich Ganna. Als sich unsere Blicke begegneten, lächelte meine Freundin mir aufmunternd zu. So als wollte sie mir zurufen: Siehst du, Veleda, auf diese Weise schickt man niemanden in die Verbannung, so ehrt man eher Könige oder göttliche Wesen.

Luren erklangen, das heilige goldene Horn wurde geblasen und Waluburg stellte mich auf ein Podest, so dass ich höher stand als alle anderen. Aber damit nicht genug: Auf diesem Podest befand sich ein besonderes Gestell, als hätte man vier Leitern mit je sieben Sprossen so zusammengebunden, dass sie eine kantige Säule ergeben. An ihrem oberen Ende sah ich eine Fläche mit einer Rückenlehne.

»Steig dort hinauf und nimm Platz!«, forderte Waluburg mich auf.

Ich gehorchte. Es war ein seltsames Gefühl, von solch erhöhter Stelle auf die Menschen hinabzublicken.

»Dies ist dein Sitz, Veleda, nur auf diesem Sitz

141

darfst du weissagen. So schaust du weiter als alle anderen! So schaust du bis in Hels Toten-reich! So schaust du bis zu den Göttern. Und dennoch schaust du immer noch auf die Men-schen, wenn du deinen Blick senkst.«

»So wird es sein!«, antwortete ich, denn merkwürdigerweise schien mir mit einem Mal die Bedeutung all dessen, was hier vor sich ging, klar zu sein. Warum das so war, kann ich nicht erklären.

»Wirst du uns sagen, welches Los die ewigen Götter den Menschen bestimmt haben?«

»Ich will es!«

»Wirst du dir selbst diesen Blick hinter den Schleier, der die Menschen von den Götter trennt, verweigern?«

»Ich will es!«

»Wirst du bis zu deiner eigenen Vergänglich-keit abgesondert von uns allen leben, weil es die Götter so wollen?«

Ich zögerte einen kurzen Moment lang. Wa-luburgs Miene drückte gespannte Erwartung aus.

»Ich will es!«

Als ich mich darein fügte, wurde mir zugleich bewusst, dass dies das Schrecklichste von al-lem war. Ich ahnte, was es bedeutete. Die jun-gen Frauen, die der Göttin Tamfana in ihrem Heiligtum dienen, sind nicht allein. Die Priester des Donar sind es ebenfalls nicht. Aber ich, Ve-leda, besaß keinesgleichen, mit der ich den Dienst hätte gemeinsam versehen können.

Hätte es noch eine andere Seherin wie mich gegeben, dann wäre ich mit ihr zusammen gewesen. Aber so blieb ich allein! Doch ich hatte zugestimmt, was auch immer dieses Versprechen für mich bedeuten würde.

»Weil du deinen Willen dem der Götter unterstellt hast, weil du ausschließlich zum Heil des Stammes leben willst, weil du allem abgesagt hast, darfst du dich von nun an Heilige Priesterin nennen, Veleda!«

Waluburg schien zufrieden und nickte mir freundlich zu. Ich war gespannt, was jetzt folgen würde. Dass ich fortan auf meinem Gestell mitten auf dem Dorfplatz hocken bleiben sollte, nahm ich nicht an. Waluburg hatte mich jedoch nicht aufgefordert herunterzusteigen. Folglich blieb ich sitzen und wartete ab.

Zu meiner Überraschung kamen zehn Männer und hoben mich mitsamt dem Podest hoch in die Luft.

Rasch bildete sich ein feierlicher Zug. An seiner Spitze schritten die Priesterinnen und Priester zusammen mit Waluburg. Dann folgte ich mit meinen Trägern. Hinter mir gingen mein Vater, Wilrun, meine Brüder und Schwestern, alle Menschen aus dem Dorf und sehr viele Fremde. Jetzt erst erkannte ich, dass sogar König Adgandester eine cheruskische Abordnung geschickt hatte. Und ich durfte zu Recht vermuten, dass sich noch weitere Abgesandte anderer Stämme hier eingefunden hatten. Von meinem Sitz aus suchte ich ungeduldig nach Ganna.

Als ich sie endlich in der Menge ausgemacht hatte, betrübte mich das, was ich sah, ein wenig. Gannas Blick war sehr ernst. Ich vermisste ihre Lebendigkeit, ihren Willen, sich aufzulehnen. Es war, als wäre ich fortan kein menschliches Wesen aus Fleisch und Blut mehr, sondern irgendwie allem weit entrückt. Wie hatte Ganna mich noch genannt? Eine, die zwischen Menschen und Göttern steht! Von nun an war ich nicht mehr Mälos Tochter, nicht mehr Gannas Freundin, sondern ausschließlich Veleda, die Seherin. Also kein Mensch mehr, sondern eine Aufgabe, ein heiliger Dienst.

Waluburgs Geschenk

Die Träger brachten mich hinunter an den Fluss und danach an eine Stelle, die sehr morastig war. Nun sah ich, dass man zu der kleinen Insel inmitten des Sumpfes einen schmalen Weg angelegt hatte. Über ihn gelangten wir auf festen und breiten Grund, auf dem zahllose Bäume und Sträucher wuchsen. Was wollen wir hier?, überlegte ich.

Doch dann führte der Weg durch einen kleinen Hain und endete überraschend vor einem hohen Haus. Als ich es erblickte, beugte ich mich ein wenig nach vorn und wäre beinahe kopfüber von meinem Sitz gestürzt. Das war kein Haus, wie ich es gewohnt war. Das da glich eher einem Turm, wie ihn die Römer zur Sicherung ihrer Kastelle bauen, wie ich sie auf dem Weg hierher nach Pompeji kennen gelernt habe. Ich fragte mich, wer diesen Turm errichtet haben mochte, weil Germanen solcherlei Türme nun einmal nicht bauen. Diesmal ergriff Mälo das Wort: »Nun steige von deinem Sitz herab, Veleda!«, forderte er mich schon fast ehrfürchtig auf. Auch daran, dass ich von nun an nicht mehr seine Tochter war, sondern den Göttern gehörte, musste ich mich erst noch gewöhnen.

»Wir haben diesen Turm dort gemäß den Anweisungen, die uns Waluburg gegeben hat, für dich geschaffen. Er ist höher als mein Haus und sehr wehrhaft, denn er besteht aus festen Steinen und starkem Eichenholz. Wenn du um ihn herumgehst, wirst du an ihm keinen Eingang finden. Er ist somit sicher vor Feinden. Von nun an wirst du in diesem Turm leben. Er gehört nur dir allein. Niemand sonst darf ihn betreten, nicht einmal ich, dein Vater. Nicht einmal Waluburg, unsere Hagedise. Die Mauern des Turmes sind zugleich der Bannkreis, den niemand übertreten darf. Dennoch wirst du dich um nichts zu kümmern haben. Wir alle im Dorf werden für dich sorgen. Sobald Sunnas Wagen am Himmel erschienen ist, werden wir dir Nahrung bringen. Im Innern des Turmes gibt es einen kleinen Brunnen, der dich mit Frischwasser versorgt. Alles, was du sonst noch benötigst, werden wir dir geben. Nun gehe hinein und nimm deinen Sitz mit!«

Ich taumelte, wusste nicht, ob ich träumte oder ob dies alles wirklich geschah. Hatte sich am Ende nur ein Nachtmahr auf meine Brust gesetzt und quälte mich nun im Schlaf mit diesen schrecklichen Dingen? Vielleicht würde ich jeden Moment aufwachen und alles wendete sich noch zum Guten!

Aber ich wachte nicht auf. Kein Mahr folterte mich. Es war wirklich mein Vater, der mich in diesen Turm verbannte. Ich war zutiefst unglücklich. Als ich Ganna in meiner Nähe sah, stolperte ich auf sie zu und umarmte sie laut schluchzend. Aber meine Freundin blieb merkwürdig kalt. Zwar drückte sie mich an sich, aber sie löste sich rasch aus meiner Umklammerung. »Du musst gehen, Veleda!«, sagte sie leise. »Ich kann dir nicht helfen.«

Verloren wandte ich mich von ihr ab, kroch eher, als dass ich aufrecht schritt, zu meinem Turm, vorbei an meinem Vater, vorbei an Waluburg, an meinen Brüdern und Schwestern. Niemand von ihnen rief mich oder kam zu mir. Niemand stand mir bei. Aber ich gehorchte, weil sie es nicht anders von mir erwarteten und weil ich es gelobt hatte.

Der Turm war aus groben Steinen errichtet und besaß tatsächlich keine einzige Tür – wie mein Vater gesagt hatte. Ratlos blickte ich an dem Mauerwerk empor. Da entdeckte ich weit über mir und höher als vier Männer, die auf den Schultern übereinander stehen, einen Eingang, so schmal, dass ich mich seitlich würde hindurchpressen müssen. Von dort baumelte ein Seil herab, an dem ich offenbar hinaufklettern sollte. Die Öffnung in dem groben Mauerwerk war wirklich so eng, dass ich nur knapp hindurchpasste. Ich drehte mich um und betrachtete stumm die Menschen unter mir.

»Lass das Seil herab, Veleda! Wir binden dann deinen Sitz daran.«

Ich tat, wie mir geheißen. Anschließend zog ich es zu mir hinauf. Dann rief mein Vater mir zu: »Siehst du den Korb neben dir stehen?«

Ich schaute neben mich und entdeckte einen neuen Korb, der aus Weidenruten geflochten war.

»Ja!«, antwortete ich.

»Binde ihn an das Seil und schicke ihn zu uns herab. Morgen früh werden wir dir etwas zu essen hineinlegen!«

Ich verstand. Was ich aber in diesem Turm zu suchen hatte, das erklärte mir niemand. Im Innern war es dämmerig. Durch kleine Maueröffnungen, die man wohl absichtlich geschaffen hatte, fiel ein wenig Licht herein. Der Boden unter mir bestand aus schweren Holzbohlen. Ich entdeckte ein Strohlager, einen kleinen Hocker, zwei Krüge randvoll mit Wasser und einen leeren Holzeimer. Die Decke über mir bestand ebenfalls aus Eiche und war doppelt so hoch wie ich. In der Mitte der Kammer gab es zwischen den Bohlen eine Öffnung. Mit Hilfe einer Leiter gelangte ich in das Stockwerk darunter. Der Boden bestand aus gestampfter Erde. Hier unten gab es nichts außer einem kleinen Brunnen und einem gemauerten Abfluss, dessen Rinne bis zum nahen Sumpf führen mochte. Weil ich meinen Turm nicht verlassen durfte, war er offensichtlich dafür da, alles, was meinen Körper verließ, durch ihn vom Turm wegzuführen. Rasch kletterte ich wieder nach oben. Ich trat noch einmal vor die Öffnung und sah, wie die Menschenmenge sich langsam zerstreute. Ganna entdeckte mich und winkte mir zu. Ich winkte zurück und blickte ihnen allen traurig nach.

Es war ein recht seltsames Gefühl, das mich auf einmal beschlich, als sie mich allein zurückließen. Die Stille war für mich so ungewohnt, dass ich eine ganze Weile zu träumen meinte. Es konnte einfach nicht wahr sein, dass ich in diesem fest gefügten Haus aus groben Steinquadern und schweren Bohlen bis zu meinem Tode eingesperrt bleiben sollte. Sobald Sunna ihren feurigen Wagen erneut über das Firmament schieben würde, so bildete ich mir ein, würden sie mich sicherlich wieder abholen kommen.

Andererseits gab es etwas in mir, das mir zuraunte, dass ich die kleine Insel inmitten des Sumpfes niemals mehr verlassen würde. Dieser

148

Gedanke entsetzte mich. Das Blut pochte wild unter meinen Schläfen. Verzweifelt lief ich eine ganze Weile zwischen den düsteren Wänden hin und her wie ein gefangenes Wild. Kein Germane wohnt ohne seine Familie. Kein Brukterer hat jemals für sich allein außerhalb seines Dorfes oder seiner Sippe gelebt. Jedenfalls nicht freiwillig. Warum nur hatte Waluburg dann für mich diesen Turm ersonnen? Wollte sie mich für irgendetwas bestrafen? Nein! Nein! Nein! Das mochte ich nicht glauben. Waluburg liebte mich. Jedenfalls hatte ich niemals Grund gehabt, das Gegenteil anzunehmen. Sie war streng, zugegeben. Aber das war sie auch zu sich selbst. Nein, es musste etwas anderes dahinter stecken, dass sie mich von allen, sogar meiner eigenen Familie, derart absonderte. Innerlich ein wenig ruhiger geworden, kauerte ich mich auf den Boden nieder und versuchte mir über meine Lage ein wenig klarer zu werden.

Während ich so dasaß und vor mich hin brütete, fiel mir ein kleiner Herd auf, der mir bislang entgangen war. Er besaß sogar einen gemauerten Rauchabzug, für einen Germanen eine Kostbarkeit, weil Kamine, wie ich später von römischen Handwerkern erfuhr, äußerst schwierig zu bauen sind. Sie stürzen nämlich allzu häufig wieder ein, wenn es die Bauleute nicht richtig verstanden haben, ihnen Festigkeit und Halt zu geben.

Langsam wurde mir klar, warum ich in einem

steinernen Haus wie diesem wohnen musste. Hier war ich sicherer als in meinem eigenen Dorf, das man nur mit einem Holzzaun umgeben hatte. Den Weg durch den Morast zu meinem Turm konnte man leicht zerstören. Ohne den Weg aber war es fast unmöglich, zu mir zu gelangen! Der Turm besaß keine Tür, die man mit Beilen hätte einschlagen können. Der schmale Durchgang in schwindelnder Höhe war leicht zu verteidigen. Nicht einmal Feuer hätte mein Haus gefährden können. Mein Turm war das Sicherste, was Brukterer je erdacht hatten. Erdacht wofür?

Es fiel mir plötzlich wie Schuppen von den Augen. Nur für eines: einen Schatz. Für das Kostbarste, was sie besaßen. Für diejenige, die das Verborgene sah. Für die, die ihnen Hoffnung machte, ihren Feind ein für alle Mal zu vernichten. Denn sie war die Stimme der Götter!

Veleda im Turm! Ich, die Seherin auf ihrem Sitz, der Erde enthoben, sollte weiter blicken können als alle anderen, aber ich sollte auch vor allem geschützt sein. Geschützt nicht nur vor dem Zugriff der Römer, sondern auch vor anderen Stämmen wie den Sugambrern, unseren Erzfeinden, die auf alles begehrlich blicken, was ihren Nachbarn, den Brukterern, gehört.

Nachdem ich mein neues Zuhause mehrmals durchstreift hatte, bemerkte ich noch etwas in meinem Turm, nämlich eine rechteckige Öffnung im Mauerwerk – groß genug, um meinen

Kopf hindurchzustecken. Von hier aus konnte ich bis zum glitzernden Band der Lippe blicken. Der Fluss lag höchstens einen guten Steinwurf entfernt von meinem Turm, aber zwischen ihm und mir befand sich nichts als tückischer Sumpf. Plötzlich fiel mir eine Begebenheit aus meiner Kindheit wieder ein. Damals wollten Feinde unser Dorf vom Fluss aus angreifen. Sie waren uns zahlenmäßig weit überlegen und mein Vater Mälo war deswegen schon in großer Sorge. Aber zu unserem Glück hatten die Feinde mit ihren Kähnen an genau der Stelle angelegt, auf die ich jetzt blickte. Die Brukterer erkannten sofort ihren Vorteil. Sie griffen die Feinde mit Booten vom Fluss aus an und trieben sie in den Sumpf, der jetzt meinen Turm schützte. Fast die Hälfte der Feinde versank darin, die anderen wurden getötet oder konnten gefangen genommen werden. Nachdenklich betrachtete ich von meiner erhöhten Warte aus das Sumpfgebiet. Es würde mich vor ungebetenen Gästen schützen, machte allerdings auch mir jede Flucht unmöglich. Was hätte ich dafür gegeben, jetzt an die Lippe gehen zu können um in ihren klaren Wassern zu schwimmen!

Am Abend vernahm ich plötzlich eine Stimme, die mehrmals meinen Namen rief. Rasch eilte ich an meinen Eingang, blickte neugierig hinunter und sah auf Waluburgs grauen Scheitel.

»Veleda!«, rief sie zu mir empor. »Schon morgen wird Ingwin, Kriegerführer der Tubanten, zu dir kommen um dich zu befragen. Steige dann auf deinen Sitz und weissage ihm. Doch jetzt lass deinen Korb zu mir herab, denn ich habe noch ein Geschenk für dich mitgebracht, du Stolz der Bärensippe!«

Sie nannte mich »Stolz« und am Klang ihrer Stimme erkannte ich, wie ernst es ihr mit diesem Lob war. Ich hoffte nur, dass ich die Hagedise niemals würde enttäuschen müssen.

Nachdem ich meinen Korb wieder hochgezogen hatte, fand ich darin jenen Eulenschädel, den ich bei meiner Geburt erhalten hatte. Aber aus seinen sonst hohlen Augenlöchern funkelte mich jetzt etwas an. Überrascht betrachtete ich den Schädel eingehender. Jemand hatte in die Augenhöhlen zwei Kristalle eingelassen, in denen sich das Licht in allen Farben brach.

»Ich danke dir!«, rief ich der Hagedise zu.

»Halte ihn so in den Schein des Feuers, dass es sich in den Kristallen bricht. Schau hinein, wenn jemand dich bittet ihm zu weissagen. Das wird dir helfen, die Stimmen der Götter zu vernehmen.«

»Ich befolge, was du mir rätst, Hagedise!«, antwortete ich.

»Ich bin durch dich geehrt, Veleda!«, rief Waluburg zurück. Für sie war ich längst nicht mehr das Mädchen, das sie einst unterwiesen hatte. Für sie war ich die Priesterin der Brukterer.

Aber dann versuchte Waluburg mich doch ein wenig zu trösten – auf ihre Art!

152

»Ich kann verstehen, wie schwer es dir fallen muss, in diesem Turm zu wohnen. Du hast einen unbeschwerten Sommer erleben dürfen. Aber nun fordern die Götter und die Menschen, dass du zur Mittlerin zwischen ihnen wirst. Dein Opfer besteht darin, zeitlebens hinter diesen Mauern zu sein. Dafür sagst du voraus, rätst den Menschen, die mit Fragen zu dir kommen, und wirst weithin geachtet werden. Je schneller du dich in dein Schicksal fügst, umso besser für dich. Etwas anderes, als hier zu sein, gibt es für dich nicht.«

Sorge um Ganna

Die Tubanten zählen zu unseren besten Nachbarn. Sie sind nur ein kleiner Stamm. Gerade wegen ihrer geringen Zahl sind sie immer bemüht gewesen möglichst starke Verbündete zu gewinnen, die ihnen in der Not beistehen würden. Andererseits kommen die besten Reiter aus den Reihen dieses Stammes. Seine weithin gefürchtete Reiterei ist es auch gewesen, die dem römischen Heer, als es vor vielen Wintern das Heiligtum der Göttin Tamfana verwüstet hatte, auf dem Rückmarsch aufgelauert und große Verluste zugefügt hat.

Ingwin, Kriegerführer der Tubanten, sollte der Erste sein, der mich in meinem Turm aufsuchte, um mich über das Schicksal seines Stammes zu befragen. Er kam bei Einbruch der Dämmerung und wurde von Waluburg über den schmalen Pfad hinüber zu meinem Turm geleitet. Sein Pferd hatte er im Dorf zurückgelassen, ebenso alle seine Waffen, denn es ist nicht erlaubt, sich einer Priesterin in ihrem Heiligtum mit dem tödlichen Schmuck eines Kriegers zu nähern. Ich sah den hoch gewachsenen Mann langsamen Schrittes näher kommen. Sein aschblondes Haar, das ihm bis weit über die kräftigen Schultern fiel, wurde von einem geflochtenen Stirnband aus schwarzem Leder zusammengehalten. Ingwin trug eine braune Wollhose und einen weiten hellen Umhang, der seine nackte Brust frei ließ. Aus seinen Augen sprachen Stärke und Mut. Sein fein geschnittenes Gesicht beeindruckte mich besonders. Es stand allerdings im krassen Gegensatz zu einem geschundenen Körper, der – durch zahllose Kämpfe gezeichnet – unvergleichlich viele Narben und Verletzungen aufwies.

So fehlten Ingwin zwei Finger an seiner linken Hand und das rechte Auge. Über seine linke Wange verlief eine hässliche Narbe, die von einem Schwerthieb aus vergangenen Tagen stammen musste.

Je näher er kam, desto mehr spürte ich, dass den Kriegführer der Tubanten große Traurigkeit erfasst hatte.

Was mochte Ingwin nur so sehr bedrücken?

Waluburg führte den Mann zum Fuß meines Turmes. Mit einer Geste wies sie ihn an unverzüglich zu sprechen.

Ingwin zögerte nicht. Ich lauschte seiner Stimme, die dunkel und voll klang: »Seit vielen Monden werden unsere besten Pferde dahingerafft. Die Tiere stehen morgens auf der großen Koppel, haben genügend zu fressen, doch am Abend oder am darauf folgenden Tag sind sie tot. Wie von Dämonenhand erwürgt! Wir Tubanten versorgen die Tiere so gut wie eh und je, denn unsere Pferde, das ist weithin bekannt, sind unser ganzer Stolz. Aber wir wissen nicht, warum sie nun so elend zu Grunde gehen. Sag uns, Veleda, womit wir die Götter besänftigen können, damit sie uns nicht länger so grausam bestrafen! Sag uns, warum unsere Pferde sterben müssen!«

Unüberhörbar schwang große Trauer in seiner Stimme mit. Ohne ihre schnellen Pferde waren die Tubanten ihren Feinden gegenüber so gut wie wehrlos. Ingwin wusste das und sah in mir die Rettung für seinen Stamm.

Ich schloss meine Augen und lehnte mich auf meinem hohen Sitz zurück.

Es dauerte nicht lange und vor meinem inneren Blick zeigte sich eine große Koppel, auf der zahlreiche schwarze und gescheckte Pferde umhersprangen – allesamt gesunde, kräftige Tiere, wie sie ein Krieger wie Ingwin am meisten schätzte.

Auch mein Herz erfreute sich an diesen herrlichen Tieren und so sah ich ihrem ausgelassenen Spiel auf der Koppel in meinem Traum voller Freude zu.

Doch plötzlich schob sich eine dunkle Wolke über das friedliche Bild. Wie von unsichtbaren Pfeilen getroffen, sanken die Pferde zu Boden, ihre Glieder zuckten im Todeskampf und Stuten, Hengste und Jungtiere verendeten kläglich. Entsetzt kehrte ich zu mir zurück, riss die Augen weit auf und fand mich auf meinem Sitz wieder.

Für wenige Augenblicke hatte ich meine Umgebung vollkommen vergessen. Unten am Turm wartete Ingwin gespannt auf die Antwort der Götter.

Wie lautete sie?

Ich wusste es selbst nicht.

»Sprich, Veleda, und überbringe dem Menschen, der dich fragte, was die Götter dir eingaben! Zögere nicht länger! Sprich zu ihm!«, vernahm ich Waluburgs mahnende Stimme.

Und ohne mein Zutun öffnete sich plötzlich mein Mund und ich hörte mich sagen: »So vernimm, Ingwin, Anführer der Tubanten, was der Tod eurer Pferde für deinen Stamm bedeutet. Ihr müsst alle fortziehen, denn dort, wo ihr jetzt seid, ist euer Leben in Gefahr. Zuerst sterben eure Tiere, danach die Menschen, denn das Land, das ihr bewohnt, ist so giftig wie der Biss einer Natter.«

Ich hatte ihm nicht mehr zu sagen und schwieg betroffen. Ich hoffte nur, dass Ingwin nicht weiter in mich dringen würde um mehr über meine dunkle Weissagung zu erfahren. Ich hätte nicht gewusst, was ich ihm noch hätte antworten können. Wieso war das Land giftig? Wie konnte ein Boden Gefahr für Menschen und Tiere bringen? Ich wusste es selbst nicht.

Und auch Ingwin schien mit meiner Antwort höchst unzufrieden. »Wohin sollen die Tubanten denn ziehen?«, hörte ich ihn aufgeregt Waluburg fragen. »Was meint die Veleda damit, dass es für uns gefährlich sei, dort zu leben, wo wir seit unzähligen Monden unser Dorf haben? Unsere Verbündeten stehen fest zu uns! Ich verstehe die Antwort der Götter nicht!«

Ich konnte es ihm nicht verübeln, denn ich verstand sie ja selbst nicht. Damals überfielen mich Zweifel, ob ich noch richtig bei Verstand war. Den Tubanten zu raten ihre Stammesgebiete aufzugeben um woanders hinzugehen, wo ihre weitere Zukunft im Ungewissen lag, stimmte mich selbst nicht gerade froh.

Konnte es nicht sein, dass ich die Stimmen der Götter falsch wiedergegeben hatte? Vielleicht trieb ich die Tubanten mit einer falschen Weissagung sogar in den Untergang?

Mir wurde ein wenig übel und so eilte ich zu dem Krug, der am Kopfende meines Strohlagers auf dem Boden stand, um mich mit dem frischen Quellwasser zu stärken. Aber es ging mir kaum besser danach. Innerlich zutiefst aufgewühlt hielt ich es kaum aus in meinem Turm und lief aufgebracht hin und her.

Ich machte mir Vorwürfe und konnte mich nicht beruhigen. Ich brauchte unbedingt jemanden, dem ich mich anvertrauen konnte. Und Wodan erhörte meine stumme Bitte.

Waluburg schien gespürt zu haben, dass mich etwas bedrückte. So war ich froh am späten Abend, als Nott alles mit ihrem schwarzen Laken zugedeckt hatte, ein weiteres Mal an diesem Tag ihre Stimme zu hören. Zuerst fürchtete ich, sie würde mir so spät noch einen neuen Fragesteller zuführen. Für dessen Nöte hätte ich mich einfach nicht mehr stark genug gefühlt.

Doch die Hagedise verflüchtigte meine Bedenken. »Nein, Veleda, es ist niemand sonst bei mir. Ingwin ist zu seinem Stamm zurückgekehrt um ihm mitzuteilen, was du geantwortet hast.«

»Ich bin unzufrieden mit dem, was ich dem Tubanten mit auf den Weg gegeben habe! Denn ich verstehe ja selbst nicht, was damit gemeint sein könnte.«

Waluburg presste sich gegen die raue Mauer meines Turmes und blickte zu mir empor. Ich hatte meinen Kopf durch den schmalen Eingang gesteckt. In diesem Moment schob sich die helle Scheibe des Mondes durch Notts schwarzen Umhang. So konnten wir einander sehen.

Die Hagedise lächelte mich an.

»Aus diesem Grunde habe ich mich noch einmal auf den Weg zu dir gemacht, Veleda! Ich spürte, dass dir nicht wohl in deiner Haut war.

Was du Ingwin gesagt hast, mag dir selbst äußerst seltsam erscheinen. Sogar für mich war es das anfangs. Aber dann habe ich mich an etwas erinnert. Es liegt schon lange zurück. Damals warst du noch gar nicht geboren. In einem Dorf der Chatten, der südlichen Nachbarn der Marsen, starben einmal viele Rinder. Die Menschen waren ratlos und konnten sich den Tod so vieler Tiere nicht erklären. Hatten die Götter sie bestraft? Sie hatten einen leuchtenden Stein vom Himmel fallen sehen, was immer ein schlechtes Omen ist. Äußerlich wiesen die Rinder keine Verletzungen auf. Also waren sie weder von Menschen noch von wilden Tieren getötet worden. Auch weideten sie nach wie vor an jener Stelle, auf der schon früher Tiere geweidet hatten, die am Leben geblieben waren. Woran mochte es also liegen? Die Hagedise der Chatten betete um Einsicht und fastete viele Tage lang um das Rätsel zu lösen. Eines Nachts träumte sie, dass ein Bach, der am Rande der Weide floss, diese fast zur Hälfte überschwemmte. Das Wasser schien ihr ganz trübe zu sein. Im Traum sah es aus wie ein dicklicher gelber Schleim, der alles erstickt. Und als die Hagedise am anderen Morgen aufwachte, wusste sie, dass einzig und allein das Wasser des Baches, in dem auch nie jemand hatte Fische schwimmen sehen, das ehemals gute Gras verdorben haben musste.«

»Wie kann so etwas möglich sein?«, fragte ich Waluburg verwundert.

»Ich weiß es nicht, aber ich habe einmal gehört, dass ein gelblicher Stein einen Menschen töten kann, wenn er ins Trinkwasser der Menschen gerät.«

»Und du denkst, dass auf ganz ähnliche Weise auch die Pferde der Tubanten zu Grunde gehen?«

Ich war ehrlich überrascht, was die Hagedise auf Grund ihres überragenden Wissens im Stande war zu vermuten.

»Ich kenne den wahren Grund dafür nicht, Veleda! Doch ich vermute, dass damals dieser gelbe Stein oder das Blut eines Untieres die Wiesen der Chatten verseucht hat. Also habe ich Ingwin gefragt, ob die Koppel vor einigen Monden überschwemmt wurde. Erst hat er mich erstaunt angesehen, aber dann hat er sich daran erinnert, dass dies nach der letzten Schneeschmelze der Fall gewesen ist.«

Erleichtert hörte ich die Hagedise reden. Also hatte ich vielleicht doch nichts Falsches geweissagt, dachte ich ein wenig beruhigt.

»Was hast du Ingwin noch gesagt?«

Waluburg klatschte in die Hände.

»Das Wichtigste! Ich habe ihm gesagt, er solle dem Rat der Veleda folgen, auch wenn er ihn nicht begriffe. Denn manchmal würde ein für die Menschen unsichtbares Untier seinen giftigen Atem über etwas Lebendiges speien um es für immer zu verderben. Ich glaube, er hat mich verstanden.«

Dankbar zog ich meinen Kopf zurück. Waluburg hatte mich beruhigt. Meine Sorge, jemanden, der mir vertraute, durch meinen Rat ins Unglück zu stürzen, war gebannt. Ingwin würde meine Antwort zu seinem Stamm tragen. Was dann weiter geschah, lag nicht in meiner Hand.

Die Tubanten haben den Rat der Götter angenommen und sind etwas weiter nach Süden gezogen. Ihre Dörfer steckten sie in Brand, damit kein Fremder sich in den Häusern einnisten konnte. Ingwin habe ich niemals wieder gesehen, aber mir ist später zu Ohren gekommen, dass auf den neuen Koppeln der Tubanten keines ihrer Pferde zu Grunde gegangen sei.

Ingwin hatte seinen Spruch der Götter mitgenommen, andere kamen um den ihren abzuholen. Von nun an besuchten mich fast täglich fremde Menschen, die etwas über ihr Schicksal oder das ihres Stammes in Erfahrung bringen wollten. Auch musste ich häufig genug Rat geben, wenn es um Streitigkeiten oder Verbindungen zwischen zwei Stämmen ging. Sogar Friedensverträge durfte ich mit meinem Namen bezeugen. Mitunter kamen die Menschen von weither angereist – einmal sogar aus dem Land der Semnonen, von denen man sagt, dass sie selbst gute Seherinnen haben sollen.

Aber mein Ruf war offenbar bis zu ihnen gedrungen, so dass sie sich – neugierig geworden – auf den langen Weg ins Land der Brukterer gemacht hatten. Ein andermal suchte jemand aus dem Stamm der Sueben bei mir Rat.

Der suebische Krieger ist mir vor allem wegen seiner ausgefallenen Art, sein Haar zu tragen, in Erinnerung geblieben. Die Sueben flechten nämlich ihr langes Haar über einem Ohr zu einem kunstvollen Knoten.

Der Suebe fragte mich: »Meine Tochter Ilga wurde bei ihrer Geburt einem Mann versprochen, von dem sich jetzt herausstellt, dass er ein Freund der Römer ist. Er will unser Dorf verlassen um weit weg in die Fremde zu gehen. Soll ich ihm meine Tochter nun in die Ehe geben oder ihm erklären, dass er bei uns im Dorf unerwünscht ist?«

Ich riet ihm sich einen neuen Schwiegersohn zu suchen, damit er seine Enkel im Dorf aufwachsen sehen konnte.

»Ich hatte für mich bereits so entschieden«, gestand er mir, »aber ich wollte aus dem Mund der Veleda hören, ob es richtig ist oder nicht!«

Niemals zuvor waren in ein Dorf der Brukterer so viele Abgesandte verschiedener Stämme gekommen. Manche Stämme wie die Hermunduren oder die Naristen kannten wir bis dahin nicht einmal dem Namen nach. Mein Vater Mälo hatte schon bald erkannt, dass sich durch eine berühmte Veleda in seinem Dorf auch Reichtum erwerben ließ, wenn man es nur richtig anstellte. So musste zwar niemand, der um Weissagung bat, ihm im Voraus etwas dafür in die Hand geben. Mälo machte allen Besuchern jedoch deutlich, dass Kleinigkeiten wie ein Fell, ein gut geschliffenes Messer oder auch Gold und Edelsteine durchaus erwünscht seien und die befragten Götter vielleicht sogar ein wenig milder stimmen könnte. Mälo war ein Schlitzohr!

Zu mir durften die Fragesteller anfangs nur einzeln vortreten. Zu sehen bekam mich von ihnen niemand. Alle hatten geduldig am Fuß des Turmes zu warten und auf meine Stimme zu hören.

Anfangs kamen sie in Waluburgs Begleitung. Als die Hagedise einige Winter später starb, wurden sie fortan von Runhold oder von jemand anderem aus meiner Familie zum Turm geführt.

Die Fragen, die ich beantworten musste, waren sehr unterschiedlich. Viele glichen sich aber im Laufe der Zeit.

Für die Menschen in meinem Land, das häufig von Stürmen, Eis und Schnee heimgesucht wird, ist es von jeher wichtig gewesen, sicherzustellen, dass ihre Ernte nicht vernichtet wird. Hagelkörner oder heftige Regenschauer, aber auch Dürre und kalte Winde können die Ernte eines Jahres verderben und den Menschen Hunger und große Not bescheren. Viele Fragen zielten deswegen darauf ab, ob die Menschen eines betreffenden Dorfes auch im darauf folgenden Jahr noch genug zu essen haben würden.

Ein weithin bekannter Marser, der mit den Römern eifrig Pferdehandel betrieb, fragte mich nach dem Ausgang seiner Geschäfte.

Viele Male trat er so an mich heran und jedesmal konnte ich ihm nichts als Erfolg vorhersagen. Doch eines Tages sah ich großes Unglück auf ihn zukommen. Ich wusste nichts Genaues, nur dass er in Gefahr schwebte. Ich riet ihm entschieden vom Handel ab und warnte: »Die Pferde werden dir weggenommen und du bleibst reglos am Boden liegen!«

Leider schlug er meine Warnung in den Wind. So lange hatte ich ihm nur Gutes prophezeit und jetzt sollte dies auf einmal nicht mehr stimmen. Plötzlich traute er mir nicht mehr. Im Dorf soll er anschließend sogar gesagt haben, dass ich ihm seinen Erfolg neidete. Der Marser reiste ab und ich sah ihn niemals wieder.

Später erfuhr ich, dass er auf dem Weg zu dem mit den römischen Händlern vereinbarten Platz überfallen und getötet worden war.

Die unbekannten Diebe hatten ihn mit einem Knüppel erschlagen wie einen tollen Hund und ließen ihn tot am Boden liegen – ganz wie ich es vorausgesagt hatte.

Mitunter gab es äußerst schmerzliche Augenblicke für mich. Sunna hatte gerade ihren Wagen an den blauen Rand des Himmelszeltes geschoben und Göttin Nott war im Begriff, ihren eigenen wegzuziehen, da führte Waluburg einen Mann zu mir, der etwas über seine Zukunft und die seines Weibes erfahren wollte.

»Wir werden schon bald Mann und Frau sein, Veleda«, begann er und ich erkannte ihn sofort an seiner Stimme. Augenblicklich wurde mein Mund ganz trocken. Es schnürte mir vor Aufregung die Kehle zu. Mein Herz klopfte wie wild und am liebsten hätte ich mich irgendwo verkrochen, weil ich nicht wollte, dass er mich befragte. Denn ich ahnte sofort, worum es ihm ging.

Es war niemand anderes als Catumer, der endlich meine Freundin Ganna in sein Haus führen wollte. Nun wollte er durch mich wissen, was die Götter ihnen beiden an Glück und Unglück beschieden hatten. Für einen Augenblick war ich versucht ihm zuzurufen, dass ich heute nicht weissagen könnte. Das wäre zwar ungewöhnlich gewesen und war bisher auch noch nicht vorgekommen, aber er hätte sich ohne zu murren wieder zurückziehen müssen.

Aber was hätte es mir eingebracht?

Nichts als einen kleinen Aufschub, denn Catumer wäre schon am darauf folgenden Tag erneut zu meinem Turm gekommen um mich zu befragen. So war ich gezwungen ihm zu antworten. Unruhig nahm ich auf meinem erhöhten Sitz Platz und schloss wie gewohnt meine Augen.

Bilder stiegen in mir auf – Bilder von meiner schönen Freundin Ganna, die lachte und sich freute, dass sie niemand anderen als Catumer an ihrer Seite hatte. Zweifellos war Ganna glücklich wie ein frisch verliebtes Mädchen und sie hatte das Richtige getan.

»Deine Frau ist so schön wie der Morgentau,

der auf den Wiesen liegt«, antwortete ich. »Ihr werdet noch in diesem Jahr zusammen sein und deine Frau wird dir einen Sohn gebären, dann aber . . .«

In diesem Moment machte ich etwas, was ich noch niemals zuvor getan hatte. Ich riss mich gewaltsam aus meiner Vision heraus, denn ich spürte, dass ich, wenn ich weitergesprochen hätte, Catumer Unheil geweissagt hätte.

So sprang ich von meinem Sitz herunter und stürzte aufgelöst zum Eingang.

»Geh fort, Catumer, und komme niemals wieder zu mir! Ich werde dir und deinem Weibe nicht weiter die Wege voraussagen, die euch die Götter bestimmt haben zu gehen. Was auch immer geschieht, es ist nicht aufzuhalten, aber mein Mund will darüber schweigen, weil ich Ganna liebe wie eine Schwester.« Meine ansonsten eher sanfte Stimme wurde sogar noch einen Ton lauter. »Richte ihr das von mir aus! Und dringe nicht weiter in mich, denn eher werde ich meine Lippen zunähen, als dir noch mehr von dem preiszugeben, was ich gesehen habe.«

Catumer starrte erschrocken zu mir empor und rührte sich nicht vom Fleck. Waluburg, die an seiner Seite stand, bat ihn meinen Willen zu befolgen, aber der Mann ging nicht fort.

»Ich bin hergekommen um zu hören, was du zu sagen hast«, brüllte er plötzlich. »Allen anderen sagst du ihr Schicksal voraus. Warum nicht mir, Veleda? Warum stockte deine

Stimme, als du von Gannas Kindern redetest? Was verschweigst du mir, Seherin? Ich will es wissen!«

Ich zwängte mich nun fast ganz aus meinem Eingang heraus und schrie: »Wenn du weiterhin darauf bestehst, werde ich mich von hier oben herunterstürzen. Lieber will ich sterben als über das reden, was mir die Götter offenbaren!« Mittlerweile schien auch Catumers Begleiter, der in gehörigem Abstand gewartet hatte, bemerkt zu haben, dass etwas nicht stimmte. Catumer – zornesrot – fing an wie von Sinnen zu wüten.

Die Hagedise versuchte Catumer zu besänftigen, wurde aber von ihm derb zu Boden gestoßen.

Dabei brach sich die alte Frau ein Bein.

Sechs Männer aus dem Dorf mussten schließlich herbeieilen um den wütenden und wie irr um sich schlagenden Brukterer von meinem Turm wegzubringen.

Als Catumer sich auch im Dorf immer noch nicht beruhigen wollte und sogar Anstalten machte, bewaffnet zu meinem Turm zurückzukehren, schlug Mälo ihn mit zwei kräftigen Fausthieben nieder. Danach fesselten sie den bewusstlosen Mann an einen Baum.

Nach diesem unerwarteten Ausbruch durfte mich niemand mehr persönlich besuchen. Von da an überbrachte Waluburg und später jemand aus meiner Familie mir die Fragen der Fremden.

Das betrübte mich sehr, denn vorher hatte ich wenigstens durch die unterschiedliche Erscheinung meiner Besucher etwas Abwechslung gehabt. Nun war mir auch das genommen.

Ein gewaltiger Erdstoß und ein Versprechen

»Höre, Veleda!«, meldete sich plötzlich die tiefe und wohltönende Stimme meines Vaters, der im Schatten einer Säule gestanden und atemlos der Germanin zugehört hatte. Überrascht schauten wir beide zu Marcus Sempronus hinüber, dessen Anwesenheit wir nicht bemerkt hatten.

»Ich wurde unfreiwillig Zeuge, Veleda«, erklärte mein Vater und hob beschwichtigend beide Arme in die Höhe.

»Ich wollte nicht heimlich lauschen. Ich bin nur zufällig hier vorbeigekommen und wollte mich auch wieder unbemerkt von euch abwenden, aber dann war es so aufregend, dir zuzuhören, Veleda, dass ich wie gebannt dagestanden bin. Mich erinnerst du an die sibyllinischen Frauen. Die kamen einst aus allen Ländern der Erde und waren gottbegeisterte Seherinnen, die jedem, der sie danach fragte, die Zukunft offenbarten. Die Sibyllen sind schon lange zu Staub zerfallen. Nur einige ihrer außerordentlichen Weissagungen wurden uns überliefert. Die sich bei uns heute Seher nennen, sind eher Scharlatane, die die Wege der Götter aus Farbe und Form von Eingeweiden herauslesen wollen. Ich schätze solche Leute nicht!«

Veleda lächelte meinen Vater freundlich an. Sein Lob bestärkte sie und ich denke, dass sie spürte, dass wir es gut mit ihr meinten.

Ähnlich wie meinen Vater hatten auch mich Veledas Schilderungen sehr berührt und so konnte ich nicht an mich halten zu fragen: »Was geschah denn nun mit Ganna und ihrem Gemahl?«

Veledas Gesicht wurde plötzlich von einer feinen Blässe überzogen. Sie musste sich setzen, denn offensichtlich hatte sie meine Frage an etwas Leidvolles erinnert. Ich schalt mich insgeheim einen Narren, dass ich sie mit meiner brennenden Neugier derart überfallen hatte. Aber nun war es heraus. Auch mein Vater Marcus Sempronus schien sich nicht eher von uns entfernen zu wollen, bis er erfahren hatte, was Veleda Catumer einst verschwiegen hatte.

Die Brukterin ließ sich auf einen Schemel nieder und ein herbeigerufener Sklave reichte ihr ein Trinkgefäß, in dem sich etwas Wein, vermischt mit reichlich Wasser, befand. Es schien ihr nicht zu schmecken. Erst nach einer Weile kehrten ihre Lebensgeister wieder zurück. Ihre Gesichtsfarbe wurde ein wenig rosiger. Sie betrachtete uns eingehend, dann räusperte sie sich und sagte: »Bei uns daheim führen wir silberne Trinkhörner an den Mund, wenn wir berauschende Getränke zu uns nehmen wollen. Es ist bei den Brukterern so vieles anders als bei euch. Aber . . .«

Sie hielt inne, schien über etwas nachzusinnen. Doch dann fasste sie sich und fuhr fort zu sprechen.

»Ganna, meine Freundin . . .«

In diesem Moment erschütterte ein gewaltiger Erdstoß die Villa meiner Eltern und ein tiefes dunkles Grollen war zu hören. Erschrocken sah ich, wie rote Ziegel vom Innendach des Atriums zu Boden fielen und zerbrachen. Die schön gearbeiteten Statuen des Bacchus und zweier Faune, die im Garten aufgestellt waren, stürzten um. Die Säulen im Triklinium schwankten heftig und an den Wänden bildeten sich feine Risse. Das Wüten der Erde dauerte nur so lange, wie man braucht um einen vollen Mund zu leeren, dann kehrte wieder Ruhe ein. Von den Straßen drangen die aufgeregten Rufe der Menschen zu uns. Offensichtlich hatte es Verletzte, wenn nicht gar Tote gegeben. Kalter Schweiß lief mir über den Körper. Ich hatte den schrecklichen Eindruck, als stürzte unser Haus in sich zusammen.

Leichenblass stand Veleda vor uns und atmete heftig. Ihr war der Schrecken über das unvermutete Beben deutlich anzusehen. Nie zuvor hatte sie dergleichen erlebt. Mein Vater berührte sie sanft an der Schulter.

»Was dich erschreckt, Veleda, kennen die Bewohner Pompejis schon lange. Die Erde um den Vesuv will einfach keine Ruhe geben. Immer wieder wütet sie wie jetzt und bringt häufig wieder zum Einsturz, was man gerade mühsam aufgebaut hatte.

Aber damit müssen wir hier leben! So ist es offensichtlich der Wille Jupiters.«

Mein Vater hielt einen Moment lang inne und betrachtete die Germanin eindringlich. Dann fuhr er fort: »Vielleicht, Veleda, könntest du den Bewohner Pompejis weissagen, was mit ihnen und ihrer Stadt geschehen wird. Denn diese heimtückischen Stöße, von denen man nie weiß, wann sie uns heimsuchen, und die alles erzittern lassen, häufen sich in letzter Zeit. Viele von uns würden nach deiner Weissagung nachts wieder besser schlafen können, wenn sie wüssten, dass nicht schon bald wieder, wie vor einigen Jahren, die halbe Stadt in Schutt und Asche liegen wird.«

»Ihr solltet euch glücklich schätzen, so nahe an den Toren zur Unterwelt wohnen zu dürfen«, antwortete die Germanin leise.

In diesem Augenblick ging ein Aschenregen auf die Stadt nieder. Wir eilten hinaus in den Garten und fanden die Blumen und das Gras von einem feinen dunklen Schleier bedeckt. »Als käme Nott um alles Leben zu ersticken!«, murmelte Veleda.

Mein Vater Marcus Sempronus fasste sie an beiden Schultern, blickt ihr erneut eindringlich in die Augen und sagte: »Wir werden für morgen Abend gute und einflussreiche Freunde einladen um mit ihnen im Sommertriklinium zu speisen. Du bist ebenfalls dazu eingeladen, Veleda. Und ich bitte dich uns an diesem Abend die geheimen Wege der Götter kundzutun. Es wird dein Schaden nicht sein, denn wie gesagt befinden sich unter den Freunden dieses Hauses auch einige, die nicht unbeträchtlichen Einfluss beim Kaiser in Rom haben. Wirst du also zu uns sprechen, Brukterin?«

»Veranlassung habe ich wenig dazu, Marcus Sempronus, denn Rom ist mein Feind.« Ihre Stimme klang bitter. Doch nach einer Weile fuhr sie nachdenklich fort: »Aber ihr behandelt mich gut.« Leise setzte sie hinzu: »Ich werde es mir überlegen.«

Ich wusste, dass mein Vater ihr Zögern enttäuschte, aber er ließ es sich nicht anmerken. Veleda verzog plötzlich ihre Lippen zu einem halb spöttischen Lächeln.

»Aber immerhin wärt ihr in Pompeji nicht die ersten Römer, denen ich weissage.«

»Sind wir nicht?«, rief ich erstaunt aus. »Bist du denn vor deiner Gefangennahme durch unsere Soldaten schon einmal Römern begegnet?«

Veleda wiegte ihren Kopf hin und her und gab sich geheimnisvoll. »Nun, irgendwo muss ich eure Sprache schließlich gelernt haben! Da ist also immer noch einiges, was du noch nicht über mich weißt, Marcus Sempronus! Aber lass mich dir davon am Meer erzählen, wo es mir sicherer erscheint als in der Stadt. Vorher aber brauche ich etwas Ruhe, Centurio.«

Ich zuckte die Achseln. Nun gut, auf ein paar Stunden mehr oder weniger kam es nun auch nicht mehr an.

Am frühen Nachmittag brachen wir zum Meer auf. Diesmal hatte ich eine Stelle abseits des Hafens ausgewählt.

Veleda verbarg ihr blondes Haar unter einem Schleier. Man hätte sie selbst von Nahem für eine vornehme Frau halten müssen, nicht für eine Barbarin. Meine Schwester Laelia hatte Veledas Haar so gerichtet, wie es in der Stadt von den Frauen aus reichem Hause getragen wurde: Hinten zu einem runden Knoten gebunden, fiel es vorne in sanften Locken auf die Stirn.

Wir schritten über die Gehsteige der Via Popilia, über die Passanten hasteten. Die meisten standen noch unter dem Eindruck des Bebens. Trotzdem roch es auf dem Markt wie eh und je nach frischem Lauch und allerlei Gewürzen.

Umgestürzte Stände hatte man schnell wieder aufgestellt. Händler wollen immer verkaufen, sei es im Krieg oder nach einem Beben. Und so priesen die Kleiderverkäufer lauthals ihre Mäntel und Tücher an. Auf einigen Verkaufstischen standen Körbe mit frischen Feigen, ölig glänzenden Oliven – unmittelbar daneben sahen wir Verkaufsstände mit Fischen, deren Schuppen silbrig glänzten. Wir beeilten uns die Stadt so rasch wie möglich zu durchqueren, was wegen des Gedränges nicht so einfach war. Zudem konnte sich Veleda an den Menschen aus allen Ländern der Erde, an den großen und kleinen Läden mit ihren ausgestellten Waren und an den herrlichen Prachtbauten Pompejis kaum satt sehen. Immer wieder blieb sie stehen. Aber ich drängte zur Eile, weil ich noch immer fürchtete, dass meine germanische Gefangene von irgendjemandem erkannt werden könnte. Ich sorgte mich vor allem deshalb, weil ich annahm, der Kaiser könnte nicht billigen, dass ich Veleda mit zu mir nach Pompeji genommen hatte. Wenn er durch seine Spione davon erführe!

Schließlich erreichten wir unbehelligt das Forum und gingen wenig später am Tempel der Venus vorbei in Richtung des »Meeres-Tores«. Als wir uns eine abgelegene Stelle unweit des Hafens gesucht hatten, steuerte von Seeseite her ein großes Lastschiff mit geblähten Segeln auf die Mündung des Sarnus zu und damit den Hafen der Stadt an. Neugierig verfolgte Veleda den Kurs des Seglers, dessen Größe sie zu beeindrucken schien. Ich sprach in ihr Schweigen hinein: »Wenige Jahre nach meiner Geburt, während des Konsulats von Velleius Paterculus und Manilius Vopiscus, war am Himmel viele Nächte lang ein großer Stern wie eine brennende Fackel zu sehen. Er kündigte Stürme, Unwetter und schwere Beben an. So jedenfalls prophezeiten es unsere Auguren. Sie sollten Recht behalten, denn ein Jahr später zerstörten gewaltige Erdstöße weite Teile unserer Stadt. Seit nunmehr 17 Jahren wird Pompeji wieder aufgebaut. Auch die eingestürzten Tempel. Ob es uns die Götter wohl danken werden?«

Veleda reagierte nicht. Ihre Augen waren auf die Brandungswellen am Strand geheftet. Weiße Gischt überschüttete die dunklen, glänzenden Felsen, die wie Trümmer einer versunkenen Stadt aus dem hellen Sand hervorlugten. Oberhalb von uns säumten Weizenfelder, von denen die meisten schon abgeerntet waren, die Uferstraße, über die man nach Herculaneum gelangte. All dies betrachtete die Germanin lange. Dann wandte sie sich mir zu.

»Ich werde dir jetzt von Ganna berichten. Als Veleda meines Stammes lernte ich vor allem eines: Schönes verdirbt, Gutes geht zu Grunde, Festgefügtes zerbricht und Gesundes vergeht von einem Morgen zum anderen wie Schnee in der Sonne.«

Ihre Stimme stockte für einen Augenblick. Aufmerksam verfolgte ich die Regungen ihres Gesichtes, in dem sich alles widerspiegelte, was sie im Moment fühlte.

»Trotzdem hat mich der Schmerz über all das Leid, das ich voraussah, häufig genug überwältigt. Mitunter sah ich mich kaum noch in der Lage, diesen Schmerz, der in mir brannte wie eine Speerspitze im eigenen Fleisch, noch länger auszuhalten.« So muss es auch Waluburg ergangen sein, die eines Tages allein auf einen Stock gestützt in den Wald humpelte um nie mehr zurückzukehren. Einige Tage zuvor hatte sie mir gesagt: ›Diese Nacht, Veleda, habe ich den Bären wieder gesehen, der mir seit meiner Geburt bestimmt ist.‹

Waluburg fühlte, dass ihre Zeit gekommen war. Und um nicht den Strohtod zu erleben, wie ihn sich kein Germane wünscht, ist sie in den Wald gegangen. Sie wollte dort den Bären treffen um in dessen Umarmung ihren Atem auszuhauchen. Es zerriss mir damals fast das Herz, als ich hörte, dass sie für immer von uns gegangen war. Was nur sollte ich ohne sie machen? Die Hagedise war, seit ich denken konnte, meine Führerin und immer für

mich da gewesen, wenn ich nicht mehr weiter gewusst hatte.«

Veleda stockte erneut. Fast schien es mir, als
sammelte sie Kraft, um in ihrer Rede fortfahren zu
können.

»Häufig genug ist es Unheil gewesen, was ich
voraussah. So auch in jener Nacht, als mich Ganna
aufsuchte . . .«

Ein gefährlicher Weg

»Du hast den Tod deiner besten Freundin vorausgesehen«, unterbrach ich Veleda ungeduldig.

Doch sie verzog ihre Mundwinkel nach unten
und meinte traurig: »Wenn dem so gewesen wäre,
Marcus, dann hätte ich darunter nicht so sehr ge-
litten. Denn es gibt noch weitaus Schlimmeres.
Nein, Ganna ist nicht gestorben und ich fürchte
sogar, dass sie nach wie vor am Leben ist.«

»Du fürchtest das?«, rief ich. Ich begriff nicht,
was sie damit sagen wollte. Es verwirrte mich.

Doch Veleda sagte mit monotoner Stimme: »Ja,
Ganna lebt und wäre doch besser tot. Nein, ich
hasse sie nicht, wie du es vielleicht vermutest. Ich
liebe sie so wie mich selbst. Deshalb schmerzt es
mich ja umso mehr, was geschah.«

Ganna kam wenige Tage, bevor sie Catumer ihr Wort gab, fortan seine Frau zu sein und ihm viele Kinder zu gebären, heimlich zu mir. Ich erinnere mich noch sehr gut daran. Es muss gewesen sein, kurz bevor Sunnas Wagen am Himmel erschien.

Mein Schlaf ist äußerst leicht. Schon das Rascheln einer Maus kann mich aufwecken. Durch irgendein Geräusch wurde ich im Schlaf gestört. Es hatte geklungen, als ob jemand einen Kieselstein gegen eine Wand wirft. Ich öffnete meine Augen und blickte suchend um mich. Es war noch ziemlich dunkel, so dass ich alles nur undeutlich wahrnahm. Dass sich jemand heimlich in meinen Turm hineinschlich, war unwahrscheinlich, denn darauf stand nur eine einzige Strafe: Tod durch Versenken im Sumpf.

Also robbte ich vorsichtig an meinen Eingang und starrte hinaus in die Dunkelheit. Im Osten färbte sich der Himmel bereits rötlich. Also würde Sunnas Wagen schon bald über den schmalen Rand der Erdscheibe hochsteigen. Unten am Fuß meines Turmes meinte ich vage die Umrisse eines Menschen auszumachen. Also hatte sich doch jemand zu mir hergeschlichen. Nur, wer in Wodans Namen konnte so töricht sein? Würde man ihn bemerken, hätte das für ihn schlimme Folgen nach sich gezogen. Aber ich war neugierig geworden und so rief ich leise hinunter: »Wer ist da? Nenn mir deinen Namen.«

Denn es konnte ja auch gut ein Dämon sein,

der seinen Namen nicht preisgab, weil er sonst vernichtet werden könnte.

Ich beschloss laut um Hilfe zu schreien, wenn ich nicht augenblicklich den Namen des Unbekannten erfuhr.

»Ich bin es doch, Veleda!«, flüsterte eine Stimme. Ich erkannte sie sofort.

»Ganna? Du? Was tust du hier? So früh am Morgen?«

Damit hatte ich nicht gerechnet.

»Ja!«, klang es leise herauf. »Im Hellen sehen mich die Wachen doch!«

So erbärmlich hatte die Stimme der mutigen Ganna noch nie geklungen. Ich überlegte, was ich tun sollte. Ich hoffte nur, dass man das Mädchen vom Dorf aus noch nicht entdeckt hatte. Aber je höher Sunnas Wagen am Himmelszelt emporstieg, desto größer war die Gefahr, dass man sie am Fuße meines Turmes ausmachte. Es blieb nur eine Lösung und so tat ich, was mir am strengsten untersagt war.

»Hier, Ganna, ich lasse das Seil herab. Komm zu mir hinauf, bevor sie dich sehen!«

Ich bemerkte, wie meine Freundin einen Moment lang zögerte. Wenn man Ganna bei mir im Turm entdeckte, würde das ihren sicheren Tod bedeuten. Das war auch ihr bewusst. Aber sie hatte ihren Wagemut noch lange nicht eingebüßt. Behände brachte sie sich am Seil in die Höhe. Schon bald lugte sie durch meinen Eingang, schwang sich hindurch und stand schließlich vor mir.

»Setz dich!«, forderte ich sie auf. »Hast du Hunger oder Durst?«

»Gib mir etwas zu trinken«, bat sie.

Ich gab ihr meinen Krug und sie leerte ihn beinahe halb. Während sie das Gefäß an ihre Lippen hielt, betrachtete ich sie eingehend. Es war jetzt nicht mehr so dunkel im Raum, so dass ich ihre Gestalt gut erkennen konnte. Sie schien mir ein wenig fülliger geworden zu sein. Ihre Brüste waren prall und fest und auch am Bauch herum zeigte sich, dass sie kein Mädchen mehr war, sondern eine Frau.

»Erwartest du ein Kind?«, fragte ich erstaunt.

Sie setzte den Krug hastig ab und wischte sich eilig über den tropfenden Mund. Dann lächelte sie verträumt.

»Ja, wie du siehst. Ich werde bald Mutter. Es ist von ihm.«

»Catumer?«

»Von wem sonst? Ich liebe ihn wie keinen anderen. Wir werden in zwei Tagen für immer Mann und Frau sein.«

»Das seid ihr doch offenbar schon ein wenig länger, oder nicht?«, erwiderte ich augenzwinkernd.

Sie lachte.

»Catumer konnte nicht warten. Er ist ein wenig ungestüm. So habe ich ihn erhört. Doch bevor es auffällt, wollen wir allen im Dorf erklären, dass wir für immer eins sind.«

»Und bist du glücklich?«

Ihre Augen leuchteten.

»Sehr! Merkst du das nicht? Ich will keinen anderen als nur ihn zum Mann. Mein Vater Marbod hat mir bereits unter vier Augen versprochen, dass er Catumers Ehevertrag zustimmen wird. Catumer will dem Brautvater für mein Weggehen von der Sippe zwanzig Rinder, drei geschirrte Rosse und verschiedene Waffen geben. Das ist mehr als anständig von ihm, findest du nicht auch?«

Ich nickte und zeigte meiner Freundin deutlich, dass ich mich für sie freute. Dann stand Ganna plötzlich auf und ging eine Weile schweigend hin und her. Wie schön war es doch, sie endlich wieder zu sehen! Erst jetzt wurde mir bewusst, wie sehr ich sie in meiner Einsamkeit vermisst hatte. Allerdings schoss es mir heiß durch den Leib, als ich daran dachte, was Ganna noch Schreckliches bevorstand. Insgeheim flehte ich inständig darum, dass sie nicht gekommen war um mich ausgerechnet danach zu fragen.

»Ich weiß genau, was du jetzt denkst«, begann sie plötzlich. Ich zog die Augenbrauen hoch und gab mich ahnungslos.

»Du denkst, ich bin nur wegen Catumer zu dir gekommen! Catumer ist wütend auf dich. Er hat mir erklärt, dass du ihm die Wahrheit über uns vorenthältst. Bevor er zu dir kam, hat er Tamfana und Donar geopfert. Anschließend hat Catumer die Priesterin der Brukterer gefragt und du hast geschwiegen.«

»Das stimmt nicht!«, wehrte ich mich. »Hat

er dir nicht erzählt, dass die Frucht, die du jetzt im Leibe trägst, sein erstgeborener Sohn ist?«

Ganna wurde ganz aufgeregt.

»Ein Sohn? Du meinst, es wird ein Sohn?«

»Ja! Und nichts anderes habe ich auch Catumer gesagt.«

»Nein, davon hat er nicht gesprochen. Dass wir Kinder bekommen werden, ja, das sagte er mir. Aber offensichtlich war er viel zu wütend auf dich. Warum, kann ich mir kaum erklären, wenn es so gewesen ist, wie du behauptest. Aber ich habe keinen Grund, daran zu zweifeln.«

Auf einmal schien eine schwere Last von ihr zu fallen. Sie klatschte vergnügt in die Hände.

»So lass es uns vergessen, Veleda. Ich will gar nicht mehr über uns von dir erfahren. Es genügt mir, dass ich Catumer zum Mann erhalte und ihm einen Sohn schenke. Was will ich also mehr? Nichts! So lass uns lieber von früher erzählen. Vermisst du es nicht manchmal, dass du nicht mehr auf Wildschweinjagd mit mir gehen kannst, na? Antworte ehrlich!«

Ich lachte auf und tippte ihr sanft gegen die Brust.

»Und ob ich es vermisse, Ganna! Obwohl es ja nicht unbedingt Wildschweine sein müssen, die uns in den Wald hineintreiben. Hasen genügen mir auch, die sind weniger angriffslustig.«

Als hätte ein Gott den Keil herausgelöst, der ein Wehr verschließt und das gestaute Wasser daran hindert auszulaufen, sprudelte es mit einem Mal nur so aus uns heraus. Wie wir die geheimen Treffen der Männer belauschten und wie wir den Jägern heimlich ihre Beute wegnahmen und sie woandershin schafften, das alles entstand vor unserem Geiste aufregend neu, als wir es uns gegenseitig erzählten. Wir lachten viel und Ganna wurde vor Aufregung ganz rot im Gesicht, weil sie sich von unseren Abenteuern gar nicht mehr losreißen konnte. So schwatzten wir über Vergangenes, bis Sunna am höchsten über dem Dorf stand und es mir plötzlich den Schweiß aus den Poren trieb, als ich daran dachte, dass jemand vorbeikommen und mich befragen könnte. Ganna und ich benahmen uns nicht gerade still und zurückhaltend. Man hätte schon auf hundert Schritt unser lautes Gerede mit anhören können.

»Wir müssen leiser sein«, ermahnte ich Ganna und zugleich mich. »Sie dürfen dich nicht bei mir im Turm vermuten. Du weißt, was passiert, wenn man dich hier oben findet!«

Ganna fuhr sich scheinbar erschrocken über den Mund und kicherte hinter der vorgehaltenen Hand.

»Wie wollen sie mich denn von hier oben wegholen? Es darf doch niemand zu dir hinaufsteigen!«

Damit hatte sie natürlich Recht. Aber sie würden von mir erwarten, dass ich ihnen Ganna freiwillig auslieferte. Nur: So weit wollte ich es nicht kommen lassen. Es schoss mir ohnehin plötzlich siedend heiß durch den Kopf, dass

Ganna mich auch unbemerkt wieder verlassen musste. Nur wie? Sie würde bis zum Einbruch der Nacht bleiben müssen um sich in ihrem Schutz unbemerkt davonstehlen zu können.

Ganna besichtigte meinen Turm von innen. Sie kletterte sogar in das untere, ständig dunkle Stockwerk und schaute sich darin um. Meine gemauerte Möglichkeit, die Ausscheidungen des Körpers loszuwerden ohne dafür in den Wald gehen zu müssen, fand sie einfach nur zum Kichern. Später kam sie wieder zu mir hinauf und blickte nachdenklich durch die Maueröffnung auf den Sumpf und den Fluss in der Ferne.

»Was würdest du mir geben, wenn du noch einmal in der Lippe baden könntest, Veleda?«

»Alles, was ich besitze, aber das ist nicht viel. Du weißt, dass Priesterinnen so gut wie nichts ihr Eigen nennen dürfen.«

»Bedauerst du es nicht manchmal, niemals frei zu sein, niemals mehr dorthin gehen zu dürfen, wohin es dich zieht?«

Ich zuckte die Achseln und sagte nachdenklich: »Dich würde es umbringen, deine Kehle langsam zuschnüren, wenn man dich statt meiner in diesen Turm eingesperrt hätte, Ganna. Das weiß ich. Denn du willst die Freiheit eines Kriegers besitzen. Mich hat es anfangs auch bedrückt, hier eingeschlossen zu sein. Aber Waluburg, der es bei Hel so gut gehen möge wie auf Erden, hat mich vieles gelehrt. Als ich damals allein im Wald bleiben musste, hockte ich viele Nächte und Tage lang in einem hohlen Baumstamm. Ich durfte mich nicht von der Stelle rühren. Das war zunächst ein furchtbares Gefühl für mich. Aber indem ich nachgab und es geschehen ließ, gewann ich zugleich. Es machte mir nichts mehr aus. So ist es mir auch in diesem Turm ergangen. Natürlich vermisse ich meine Geschwister. Ich vermisse dich. Ich vermisse es, nicht mehr gehen zu können, wohin es mich zieht, aber ich habe nun einmal eine Pflicht zu erfüllen. Ich habe es vor allen gelobt und ich breche mein gegebenes Wort nicht. Aber dennoch würde ich den kleinen Finger meiner rechten Hand dafür geben, mich unbemerkt vom Turm entfernen zu können um meine Glieder im kühlen Strom der Lippe zu waschen.«

»Dein Wunsch sei mir Befehl, Veleda!«, sagte Ganna und lachte glockenhell. »Denn ich kann Unmögliches wahr machen!«

Ich wusste nicht, was ich davon halten sollte, und starrte sie verwundert an.

»Aber das ist vollkommen ausgeschlossen. Man würde mich sofort bemerken.«

»Nicht, wenn du deinen Weg durch den Sumpf suchst.«

Ich schüttelte den Kopf. War sie jetzt verrückt geworden? »In dem Sumpf sind schon zahllose Männer für immer verschwunden. Mir würde es nicht besser ergehen.«

»Nur, wenn du unvorsichtig bist. Komm her, ich habe eine wichtige Entdeckung gemacht.«

Sie winkte mich zu sich und ich huschte an ihre Seite. Zu zweit blickten wir auf den Sumpf,

184

der die Insel mit meinem Turm wie ein Gürtel umgab und lebensbedrohlich war, wenn man sich hineintraute.

Aber Ganna wies triumphierend auf einige gelbliche Erhebungen. »Siehst du diese Grasbuckel dort drüben? Man kann sie nur von erhöhter Stelle aus erkennen, aber sie ziehen sich wie fußtrittgroße Inseln bis hinunter zum Fluss. Ich verrate dir etwas, Veleda. Diese kleinen Erhebungen sind fest und tragen dich. Du musst dir nur vorher genau einprägen, wo im Sumpf sie sich befinden. Dann gelangst du von deinem Turm bis zur Lippe und niemand kann dich daran hindern.«

Ganna hatten mir wahrlich die Götter geschickt. Ihre Entdeckung, wie man den Sumpf durchqueren konnte, sollte mir noch einmal das Leben retten. Ich staunte, wie schnell sie einen wenn auch gefährlichen Weg gefunden hatte, wie ich meinen Turm ungesehen verlassen und wieder in ihn zurückkehren konnte. Diesen unvergleichlichen Blick für die Gegebenheiten der Natur besaß nur Ganna.

»Ich mache dir ein Geschenk, Veleda. Ich werde deinen Turm und vor allem die Insel, auf der er steht, durch diesen Sumpf dort verlassen, kurz bevor Nott ihren Mantel ganz über uns ausgebreitet hat. Und du kannst von hier oben aus zuschauen, wie ich dabei meine Schritte lenke. So kannst du dir den Weg hinaus in die Freiheit einprägen.«

Ich war überwältigt. Andererseits wollte ich

nicht, dass sich Ganna für mich in Gefahr begab. Aber sie winkte ab, wie ich es von ihr nicht besser kannte.

»Pah! Was soll mir schon geschehen? Schließlich gebäre ich ja, wie du sagst, bald einen Knaben, oder nicht?«

Ich wurde blass, nickte nur stumm und presste meine Lippen zusammen. In der Tat würde sie einen Jungen gebären. Aber danach, so hatten es mir die Götter kundgetan, würde Catumer an einem großen Krieg teilnehmen, der am Rhein seinen Anfang nehmen würde, und aus diesem nicht mehr zurückkehren. Das aber würde meiner Ganna das Herz brechen. Und, weitaus schlimmer: ihr Geist würde sterben, obwohl ihr Körper noch gesund und jung war. So sehr liebte sie Catumer, dass sie ohne ihn nicht in dieser Welt sein wollte. Die Götter würden Gannas Geist verwirren, was von allen Leiden, die die Ewigen uns schicken, am meisten zu fürchten ist. Das war es gewesen, was ich in meiner Vision gesehen hatte, und es schnürte mir damals wie jetzt die Kehle zu, es irgendjemandem mitzuteilen. Ich habe Ganna später niemals mehr gesehen, aber ich weiß von Runhold, dass sie irgendwann anfing nur noch vor ihrem Haus zu sitzen und den Hühnern beim Picken zuzusehen. Wenn sie jemand ansprach, so reagierte sie nicht. Gannas Sohn wuchs in der Obhut der Geschwister ihres Mannes auf, weil die eigene Mutter ihn nicht mehr erkannte. Gewaltsam löste ich mich damals, als sie so voller

Kraft und Zuversicht bei mir stand, von meinem Wissen um das, was ihr nach Catumers Tod zustoßen würde. Der würde sterben, wie es sich ein Krieger wünscht: ehrenvoll. Sie hingegen würde jeden Tag ein wenig mehr vergehen, weil es Catumer in ihrem Leben nicht mehr gab. Ich habe dergleichen niemals bei einem anderen Menschen meines Stammes erlebt.

Am Abend kletterte Ganna geschickt am Seil hinunter und suchte danach ihren Weg durch den Sumpf.

Ich sah ihr voll Unruhe dabei zu und fühlte zwar, dass ihr nichts geschehen würde, aber trotzdem konnte ich nicht unbeteiligt bleiben.

Ganna setzte jeden ihrer Schritte mit großem Bedacht. Bei jedem Fehltritt konnte ihr etwas zustoßen. Sie brauchte lange um den Sumpf zu durchqueren. Ich merkte mir, welche Grasbuckel sich dabei als sicher erwiesen hatten. Einmal trat sie nur kurz auf einen, zuckte aber sogleich wieder zurück. Dann wandte sie sich mir zu. Sie konnte mich nicht sehen, aber sie wusste, dass ich von Ferne jede ihrer Bewegungen genau beobachtete. So schüttelte sie verneinend ihren Kopf in meine Richtung. Das bedeutete: nicht auf diesen Grasbuckel treten, der ist nicht fest genug! Schließlich sah ich sie am Ufer der Lippe stehen und mir zuwinken. Ganna hatte es wieder einmal geschafft und mir ein Geschenk gemacht, das war wie sie selbst: schön und gefährlich zugleich.

Der Bataverfürst Julius Civilis

Nach diesem Tag besuchte mich Ganna nie wieder. Sie schenkte Catumer, wie ich es vorausgesagt hatte, einen gesunden Sohn, der den Namen seines Vaters erhielt.

Schon bald brach der Winter mit all seiner kalten Macht über das Land der Brukterer herein. Sunnas Wagen stand milchig weiß am Himmel und sie blickte tot und kalt auf die Welt der Menschen herunter.

Ich bat fast täglich darum, mir trockenes Holz zu bringen, weil ich so viel heizen musste. Es war so entsetzlich kalt, dass ich manchmal von früh morgens bis spät abends nur damit beschäftigt war, das Feuer im Herd nicht ausgehen zu lassen. Mein Turm bot kaum genügend Schutz gegen Wind und Regen, noch weniger gegen Kälte und Schnee. Obwohl mein Gemäuer nur ein paar Öffnungen besaß, reichten diese wenigen aus um mir Schneeflocken ins Haus hineinzuwirbeln, je nachdem, wie kräftig der Wind blies. Dann tanzten die Flocken wie kleine weiße Blüten durch meinen Turm und trugen noch mehr Kälte und Feuchtigkeit hinein. Ich bat meine Sippe um Strohmatten, die ich von innen vor die Öffnungen hängte. Dadurch wurde es allerdings auch tagsüber sehr dunkel in meinem Turm. Das waren die einsamsten Tage für mich. Kaum jemand besuchte mich und ich lag häufig auf meinem Lager und döste vor mich hin. Es waren Tage, an denen ich mich wie abgeschnitten von allem fühlte. Zwar kannte ich solche harten Winter, in denen ich kaum aus dem Haus hatte gehen können, auch von früher her. Aber damals waren drinnen noch meine Geschwister, die Unfreien und meine Eltern gewesen.

In diesem Winter lag der Schnee so hoch, dass man nur mit großer Mühe vom Dorf aus zu meinem Turm gelangen konnte. Ich hatte tagelang weder zu essen noch zu trinken. Auch mein Brennholz war längst verbraucht. Frierend starrte ich durch die Einstiegsöffnung hinüber zum Dorf, das kalt, weiß und schweigend jenseits des Tannenhains lag. Offensichtlich hatten sich alle in ihren Häusern eingegraben um darauf zu warten, dass die Götter den Sturm endlich abklingen ließen. Doch der gebärdete sich immer wilder. Schon bald wirbelten die Schneeflocken so dicht umher, dass ich keine fünf Schritte weit sehen konnte. Um wenigstens meinen Durst löschen zu können ließ ich meinen Korb am Seil herab in den Schnee hinunter. Er versank tief darin. Als ich ihn wieder zu mir hochgezogen hatte, war er randvoll mit Schnee gefüllt. Es gelang mir, einen Teil davon in einem eisernen Topf, den ich in die letzte Glut stellte, zu schmelzen. So hatte ich wenigstens Trinkwasser. Aufs Essen konnte ich einige Zeit lang durchaus verzichten, aber die Eiseskälte machte mir schwer zu schaffen. Besonders nachts nützten mir auch die Bärenfelle, unter die ich mich mit angezogenen Beinen geflüchtet hatte, nur sehr wenig. Ich begann mit einem Messer zwei Bohlen aus dem Boden zu entfernen und anschließend mühselig zu zerkleinern um Brennholz zu haben. Es war furchtbar. Meine Finger waren schon bald halb erfroren, das Holz steinhart und kaum kleinzukriegen. Ich schrammte mir die Hände blutig, aber ich gab nicht auf. Bevor die Glut in meiner Feuerstelle endgültig verlosch, gelang es mir, sie durch das Holz meiner Bohlen neu zu entfachen. Zwar musste ich jetzt, wenn ich umherging, gut aufpassen, dass ich nicht durch das entstandene Loch im Boden hinunter in den Raum darunter stürzte, aber das schreckte mich kaum. Wichtiger war, dass sich durchs Innere meines Turmes wieder die volle Wärme des Feuers ausbreiten konnte, so dass ich auch im Schlaf, wenn es fast ganz heruntergebrannt war, nicht fürchten musste zu erfrieren.

Aber auch die gewaltigsten Eisesfäuste, unter denen ein Land wie erstarrt daliegt, werden einmal weich und müssen das in der langen Winternacht beinahe Gestorbene freigeben, damit es fruchtbar wieder auferstehen kann. Sunna erlöste Mensch und Getier aus Notts kalten Klauen und ließ das weiße Laken von Tag zu Tag löchriger werden. Seit ich atme, liebe ich diesen Wechsel, wenn die Natur plötzlich zu neuem Leben erwacht und alles wieder zu grünen, zu sprießen und zu wachsen anfängt. An den Bäumen zeigen sich neue Triebe. Blumen sprießen aus der Erde und das Gras steht schon bald wieder saftig und frisch auf den Weiden. Das ist dann auch die Zeit, in der wir Brukterer und Marser der großen Göttin Tamfana opfern, damit sie uns mit guten Ernten beschenkt.

Ich erinnere mich, dass es in jenem Winter gewesen ist, in dem ich aus Mangel an anderem einige meiner Bohlen als Brennholz verwenden musste, als ich von einem Mann besucht wurde, dessen Name weithin bekannt war und bei den Römern wenig später große Furcht auslöste: Julius Civilis.

Ich sehe noch genau jenen Morgen vor mir, als mein Bruder Runhold auf einem Karren zwei Bohlen zu meinem Turm brachte um den Fußboden auszubessern. Dafür war ihm erlaubt worden zu mir hinaufzuklettern. Runhold hatte schon eine Bohle zugehauen und eingesetzt und war eben im Begriff, die zweite, die ebenso schwer war, mit dem Seil ächzend und fluchend zu sich hochzuziehen, als unser Vater Mälo mit einem Fremden ankam. Darüber wunderte ich mich sehr, denn seit Waluburgs Hinscheiden hatte mich keiner mehr vom Fuß des Turmes aus befragen dürfen. Das war nach ihrem Tod zur heiligen Aufgabe meines Bruders Runhold geworden. Nun schien Mälo entschieden zu haben, dass das für den Fremden nicht gelten sollte. Wer mochte er sein, dass er eine andere Behandlung erfuhr als üblich?

Mälo forderte meinen Bruder auf den Turm unverzüglich zu verlassen. Der gehorchte augenblicklich und kehrte ins Dorf zurück.

Dann stellte mir mein Vater den Fremden vor. Ich hielt vor Erstaunen den Atem an.

»Dieser Mann, Veleda, ist von weit her zu dir gekommen um den Spruch der Götter aus deinem Munde zu vernehmen. Es ist Julius Civilis vom Stamm der Bataver. Ich lasse euch nun allein.« Mälo verabschiedete sich von dem Bataver und verschwand zwischen den Bäumen.

Ich betrachtete den hageren Mann mit dem glatt rasierten Gesicht und dem rötlichen Haar eine Weile lang heimlich, bevor ich mich auf meinen Seherinnensitz zurückzog.

Das Wenige, was ich von Julius Civilis wusste, machte mich umso neugieriger auf ihn. Er stammte aus dem königlichen Geschlecht der Bataver, die ihre Stammesgebiete jenseits des gewaltigen Rheins haben. Civilis war seit vielen Jahren römischer Kohortenführer, darum hatte er seinen Namen dem eines vornehmen Römers angepasst. Sein Gesicht drückte Strenge aus. Civilis war es gewohnt zu befehlen. Es hieß von ihm, er sei der beste Kriegsführer im Lande weit und breit.

Der Bataver ließ sich auf einen flachen Stein nieder und fing ohne große Umschweife an zu reden.

»Um es vorweg zu sagen, ich werde die Götter nicht sogleich befragen, sondern dir zunächst nur erzählen, Veleda. Das geschieht, damit du so viel wie möglich über die Römer und die Bataver erfährst.«

Ich schwieg, weil es als Veleda nicht meine Sache war zu antworten, ohne dass die Götter meine Zunge dabei führten. Aber ich freute mich über seine Ankündigung, weil sie mir etwas Abwechslung versprach. Wegen des strengen Winters hatte ich seit ungezählten Tagen und Nächten kaum einen Menschen zu Gesicht bekommen.

»Die Bataver bewohnen jene flachen und sumpfreichen Lande, hinter denen Sunnas feuriger Wagen im weiten Meer versinkt. Unser Stammesgebiet ist recht groß, wird vom Rhein auf der einen Seite begrenzt und auf der anderen vom Meer. Unser Hauptwohnsitz liegt auf einer Insel, die die Römer ›insula batavorum‹ nennen. Die Bataver verehren Wodan, aber auch die Göttinnen Haeva und Hludana. Wir sind ein bedeutender Stamm, dessen Krieger sowohl ausgezeichnete Reiter und Schwimmer als auch Fußsoldaten sind. Wir wagen uns mit unseren kleinen Schiffen sogar aufs offene Meer hinaus. Wir Bataver gelten als sehr mutig und kriegserfahren. In unseren Adern fließt auch keltisches Blut, weil wir uns einst mit einigen Stämmen Galliens vermischt haben. Im Gegensatz zu den Brukterern haben wir uns schon vor langem entschieden auf Seiten der Römer zu stehen. Wir zahlen ihnen keine Abgaben wie andere Stämme, dafür leisten wir ihnen aber Militärdienste. Ich selbst wurde in jungen

Jahren bei den Römern ausgebildet. Ich spreche so gut Latein wie sie und bin in ihrem Reich weit herumgekommen. Wir Bataver haben uns den Römern gegenüber immer als treue Verbündete erwiesen. Deshalb war ich überrascht, ja entsetzt über das, was ich eines Morgens erfuhr. An jenem Morgen wünschte ein Reiter, der ins Dorf gekommen war, mich unbedingt zu sprechen, obwohl ich zuvor darum gebeten hatte, dass man mich nicht stören sollte.

›Was gibt es?‹, herrschte ich ihn grob an. ›Hat man dir nicht gesagt, dass ich Wichtiges zu erledigen habe?‹

›Ja, Herr‹, antwortete der Soldat unterwürfig. ›Ich bin Gandulf, Unfreier deines Bruders Claudius Paulus, dem ich immer gut gedient habe.‹

Ich zeigte mich sogleich ein wenig besänftigt. Ich liebte meinen Bruder und vermutlich hatte Claudius mir diesen Gandulf geschickt um mir eine wichtige Botschaft zu überbringen. Dann fiel mir an dem, was der Mann gesagt hatte, etwas auf.

›Wieso sagst du, du *hast* ihm gedient? Hat Claudius dich als Freien entlassen oder warum redest du in der Vergangenheit?‹

›O nein, Herr! Claudius Paulus hat mich nicht freigesetzt. Nicht einmal gefallen hätte mir das!‹

Er stockte kurz. Irgendetwas schien ihn zu bedrücken.

›Es ist . . .‹ Er stockte abermals, atmete tief und sagte dann leise und zögernd: ›Es ist furchtbar, Julius Civilis, aber dein Bruder lebt nicht mehr. Die Römer haben ihn vor zwei Nächten enthauptet.‹

Entsetzt wich ich einige Schritte zurück. Als würde ich einen Dämonen abwehren, hielt ich dem Mann meine Hände entgegengestreckt.

Dann herrschte ich ihn an: ›Das glaube ich nicht. Du lügst! Warum sollten die Römer uns derart bestrafen? Wir sind ihre wichtigsten Verbündeten! Und Claudius Paulus war einer ihrer besten Kohortenführer!‹

Gandulf wurde blass. ›Wodan möge mich auf der Stelle mit einem Blitz fällen, wenn ich die Unwahrheit sage. Aber Fonteius Capito hat ihn zunächst gefangen setzen und Aulus Vitellius hat ihn unter fälschlicher Anschuldigung hinrichten lassen.‹

Ich konnte und wollte nicht glauben, was mir Gandulf erzählte. Mein Bruder sollte nicht mehr am Leben sein, ermordet von den Römern? Aber ich fühlte, dass der Mann mich nicht belog. Er stand noch immer unter dem Eindruck des Erlebten. Ich versuchte mich zu sammeln. Die unterschiedlichsten Gedanken schossen mir durch den Kopf. Die Erwähnung, dass dies alles auf Veranlassung von Aulus Vitellius geschehen war, überraschte mich nicht. Körperlich missgestaltet und hässlich wie eine Ratte, bestand sein ganzes Talent darin, Mächtigeren zu schmeicheln und sie zu umgarnen um aus ihrem Wohlwollen für sich Gewinn zu ziehen. Er war ein Mann, der im Staube kroch, wenn es ihm zum Vorteil gereichte. Ich traute ihm zu, dass er Claudius nur hatte hinrichten lassen um beim römischen Kaiser den Eindruck zu erwecken, er regiere alle mit Rom verbündeten Germanenstämme mit eiserner Faust.

Wo immer er im Lande der Bataver auftauchte, wollte er nichts als Angst und Schrecken verbreiten.

Ich ballte meine Faust vor Wut und schwor bei Wodan und Hludana, dass ich nicht eher ruhen würde, als bis der schändliche Mord an meinem Bruder gerächt sei.«

Julius Civilis hatte aufgehört zu sprechen und stieß mit der Spitze seines rechten Stiefels wütend einen kleinen Kiesel von sich weg. Danach presste er seine Hände so fest gegeneinander, dass das Blut aus den Adern wich. Es war nicht zu übersehen, dass die ehrlose Hinrichtung von Claudius Paulus seinen Glauben an römisches Recht und Gesetz tief erschüttert hatte. Nun wollte er nichts als Rache.

Ich brach mein Schweigen, weil ich noch mehr in Erfahrung bringen wollte.

»Was könnte die Römer bewogen haben, ausgerechnet die Bataver derart hart zu bestrafen? Warum hat sich der römische Kommandant nicht jemanden aus dem Stamm der Ubier oder der Friesen ausgesucht?«

Ich blickte jetzt direkt zu Civilis hinunter. Auch das entsprach nicht den Geboten, denen ich verpflichtet war, aber wer wollte mich dafür bestrafen? Als der Bataver bemerkte, dass ich ihn von oben herab anschaute, hellte sich seine bis dahin eher düstere Miene ein wenig auf.

»Wie schön dein Gesicht ist, Veleda! Man hört, dass man dich sonst niemals betrachten darf. So sage ich dir Dank für die mir entgegengebrachte Ehre.«

Meine Wangen färbten sich rot. Ich war berührt. So hatte mir noch niemand geschmeichelt und es gefiel mir durchaus. Je länger ich Julius Civilis zuhörte und ihn betrachtete, desto mehr musste auch ich mir insgeheim eingestehen, dass er mir als Mann gefiel.

Aber das würde ich ihn niemals wissen lassen. Außerdem war er gebunden. Ich erschrak über mich selbst. Was für Gedanken hatte ich? Ich versuchte mich zu sammeln, indem ich mich an meine Aufgabe als Seherin ermahnte. Aber es gelang mir nur schwer.

Der Bataverfürst leckte sich die Lippen und überlegte kurz. »Ich will dir sagen, was sich vor dem Mord an Claudius Paulus bei uns ereignet hatte«, ging er auf meine Frage ein. »Einige römische Fußsoldaten waren mehrmals im Schutze der Dunkelheit in unsere Dörfer gekommen und hatten aus ihnen junge Frauen entführt, sie entehrt, geschlagen und dann irgendwo im Wald zurückgelassen. Laut klagend über das, was man ihnen angetan hatte, kehrten diese Mädchen zu ihren Familien zurück. Zuerst mochten wir kaum glauben, was geschehen war. Aber wir fanden Beweise für die niederträchtigen Übergriffe und beschlossen uns dagegen zur Wehr zu setzen. Als die Römer erneut versuchten einige batavische Mädchen zu entführen, konnten wir dies dank unserer erhöhten Wachsamkeit vereiteln. Wir stellten die Männer danach zur Rede, doch anstatt sich zu entschuldigen verspotteten sie uns noch. Sie spuckten auf uns und nannten uns frech Sklaven, die zu gehorchen hätten. Darauf haben wir sie alle getötet.«

»Ihr habt zu Recht so gehandelt«, bestärkte ich ihn. »Nicht viel anders hätten wir Brukterer uns verhalten. Trotzdem ist es mir immer seltsam vorgekommen, dass sich Germanen freiwillig den Römern als Soldaten zur Verfügung stellen.«

Julius Civilis stieß einen kleinen Pfiff der Bewunderung aus.

»Du bist eine kluge Frau, Veleda. Auch ohne dass ein Gott deine Zunge bewegt, erkennst du das Wesentliche! Es verhält sich nur so, dass die Bataver schon lange zu den Hilfsvölkern der Römer zählen. Bereits mein Vater diente in ihren Legionen. Wir nehmen sogar ihre Namen an. Dein Vater Mälo würde sich wohl niemals in Rufus umbenennen oder dein Bruder Runhold in Gaius Lucius. Du hast vollkommen Recht, wenn dich ein solches Verhalten befremdet, du es vielleicht sogar scharf verurteilst. Wir Bataver haben es uns zu lange gefallen lassen. Auch ich habe viel zu lange vor den Römern den Nacken gebeugt. Aber damit soll es jetzt ein Ende haben! Die Römer haben unser Land besetzt. Sie sind, militärisch gesehen, sehr, sehr stark. Sie bauen große Städte aus Stein, fahren mit mächtigen Schiffen auf dem Rhein und besitzen viele Dinge, die ein Germane noch nie in seinem Leben gesehen hat. Die Römer, das muss ich anerkennen, respektieren unsere Lebensweise, aber sie fordern auch, dass man ihnen Achtung zollt. Immer wieder machen sie deutlich, dass sie die Herren am Rhein sind und alles Land und die Menschen darin ihnen gehört. Darum gefällt es mir, wenn du dagegen aufbegehren willst, Veleda! Denn das entnehme ich deiner Frage! Das ist der richtige Geist! Auf dich, davon bin ich überzeugt, werden die anderen Stämme hören. Du bist die Stimme der Götter. Deshalb musst du ihnen ein Zeichen geben.«

Ich war verwirrt.

»Was meinst du damit, Bataver?«

»Sag uns vor allem, ob wir siegreich sein werden. Ich habe erfahren, dass du beim Begräbnis von König Gunnar eine große und ungewöhnliche Vision gehabt haben sollst. Darin hast du Germanen gegen Römer kämpfen gesehen. Wichtig ist nun zweierlei: zum einen, wann es diesen Kampf geben wird. Zum anderen, wie er ausgeht. Nichts anderes sollen mir die ewigen Götter mitteilen!«

»Was geschehen wird, wird geschehen. Ihr werdet kämpfen, Civilis, das ist bestimmt!«, antwortete ich ausweichend.

Er blickte entschlossen.

»Wir werden in jedem Fall kämpfen, Veleda, das steht fest. Aber wir werden umso besser kämpfen, wenn uns der Sieg gewiss ist.«

Er war ein schlauer Fuchs, dieser Julius Civilis. Ich begann allmählich zu begreifen, warum er als Gegner weithin gefürchtet war. Er wog seine Worte bei jedem Satz ruhig und besonnen ab. Er war kein Hitzkopf wie mein Vater, der oftmals mit unbedachten Äußerungen für heftigen Streit sorgte.

Ich beschloss dem Bataver zu helfen.

»Gut! Ich werde für dich weissagen!«, versprach ich. »Auch wenn ich einst an König Gunnars Grab viel Furchtbares gesehen habe.« Das bereitete mir in der Tat Sorge – vor allem, weil ich wusste, dass der Krieg zu vielen tapferen Männern das Leben kosten würde. Darunter auch Gannas Mann, was meiner Freundin den Verstand rauben würde. Noch einmal die Bilder des Schmerzes und des Elends vor mein sehendes Auge zu beschwören, ließ mich innerlich frösteln.

Als ob er meine Gedanken lesen könnte, wollte mich Julius Civilis beruhigen. »Im Kampf zu sterben ist ehrenvoll, Veleda. Das solltest du als Brukterin eigentlich wissen!«

Ich lächelte ihn nachdenklich an.

»Komm morgen wieder zu mir, wenn Sunna hoch am Himmel steht. Dann sollst du erfahren, welches Schicksal die Götter den Batavern bereiten wollen.«

»Nicht nur den Batavern!«, antwortete er. »Nicht nur uns allein!«

Ich runzelte die Stirn. Was wollte er damit sagen? Aber er stand auf und schritt eilig davon. In diesem Moment nahm ich mir vor von ihm eine Gegenleistung zu fordern. Ein solches Verhalten ist einer Seherin gewiss nicht würdig, aber ich konnte nicht anders. Die Anwesenheit von Julius Civilis bot mir die Möglichkeit, von der Welt außerhalb meines Turmes zu hören. Eingeschlossen in meinem Turm war ich vom Leben abgeschnitten. Ich sehnte mich danach, zu erfahren, wie ihr Römer lebt, weil mich euer Volk, dem ein riesiges Reich gehört, mehr und mehr interessierte. Ja, ich hegte sogar die Hoffnung, dass ich durch Civilis eure Sprache erlernen könnte. Dieser Bataver war der weitaus gebildetste Germane, der mir bis dahin begegnet war. Ich wollte ihn nicht so schnell wieder ziehen lassen. In mir reifte ein Plan, wie ich dies am besten anstellen konnte. Wenn ich heute an das zurückdenke, was ich damals vorausgesagt habe, dann reut es mich nicht im Geringsten. Auch wenn so viele während der »Zeit des Aufruhrs«, wie ihr Römer unseren Versuch, das Joch abzuschütteln, nennt, ihr Leben lassen mussten. Bataver, Brukterer, Chatten, Usipeter, Friesen, Marser und Mattiaker, sie alle wünschten sich nichts anderes als frei zu leben und die Knechtschaft von sich abzuschütteln. Ihr Römer seid unbestritten äußerst kluge Leute. Ihr vermögt Leistungen zu vollbringen, die sich ein Germane nicht einmal im Traum ausmalen kann. Ihr seid, was eure Kriegskunst angeht, unvergleichlich, aber auch ihr würdet euch gegen jeden anderen auflehnen, der euch Gesetze auferlegen will, Abgaben einfordert oder eure Söhne zum Kriegsdienst zwingt. Ich, Veleda, wurde aus keinem anderen Grund in euer Land verschleppt, als dem, dass ich eurer Meinung nach einen Krieg angezettelt habe. Jetzt weißt du, was damals geschehen ist. Eine Seherin kann den Lauf der Dinge nicht ändern. Sie gibt einzig und allein wieder, was die Götter vorherbestimmt haben. Ob Untergang oder Sieg! Ob Tod und Verderben oder Erfolg und neues Leben! Nein, ich bedauere keineswegs, was ich Julius Civilis damals vorausgesagt habe, auch wenn es nicht ganz so eingetreten ist, wie ich es mir insgeheim erhofft habe.

Der Bataver kam früh am anderen Morgen erneut zu mir und ich hatte nichts Besseres zu tun als ihn hinzuhalten. Ich erklärte ihm, dass mir die Götter in der Nacht einen Traum geschickt hätten, was im Übrigen der Wahrheit entsprach.

»Du sollst mich in allem unterweisen, was die Römer und ihre Sprache angeht.«

Das war gelogen.

In meinem Traum sollte ich von dem Bataver einige Goldstücke fordern um diese danach Tamfana in ihr Heiligtum zu schicken. Ich vermute, dass mich deswegen die Strafe der Göttin ereilte, als ich später in ihrem Heiligtum in die Hände der Römer fiel.

So bedauere ich zutiefst meinen Betrug, aber es war auch für mich neu und ungeheuer aufregend, was ich von Julius Civilis im Laufe mehrerer Tage über das Leben der Römer erfuhr. Damals lernte ich die ersten Sätze Latein. Der Bataver erzählte mir aber auch von den Griechen und ihrer Welt, von ihren Göttern und Helden. Ich kauerte am Boden meines Turmes und hörte mit offenem Mund zu. Es war, als schickte mich Civilis in ein völlig fremdes, unbekanntes Land. Nie zuvor hatte ich so viel Ungewöhnliches aus dem Mund eines Menschen vernommen.

Es ist schon seltsam, wie unterschiedlich die Götter diese Erdscheibe und die Menschen darauf gestaltet haben. Ich konnte nicht genug davon hören. Der Bataver gefiel sich darin, mir sein Wissen mitzuteilen. Vielleicht fühlte er sich sogar geehrt und ließ es deshalb so geduldig geschehen! Und ich, die Seherin, eingeschlossen hinter hohen Mauern, sog alles in mich auf wie ein Tuch verschüttetes Wasser.

Dann hatte mir Julius Civilis alles erzählt, was er wusste und bei seinen Besuchen des römischen Kastells Vetera am Rhein und der großen Stadt der Ubier (Köln) gesehen und gehört hatte. Ich war nicht wenig traurig, als ich spürte, dass ich Civilis nicht viel länger würde hinhalten können und damit sein Abschied von mir unvermeidlich wurde. Ich war mir nicht sicher, ob er mich durchschaut hatte. Falls doch, so hatte er es sich nicht anmerken lassen. Im

Gegenteil! Julius Civilis schien selbst Freude daran zu haben, mich zu unterrichten wie ein römischer Lehrer seine Schüler.

»Was die Götter von mir forderten, war richtig und gut, Veleda! Du musst wissen, wie Römer sind, und du musst auch ihre Sprache kennen. Nur wenn man die Schwächen und Stärken seines Feindes kennt, kann man ihn auch besiegen. Aus diesem Grunde fand ich die Geduld, dich an meinem Wissen und meinen Erfahrungen im Umgang mit den Römern teilhaben zu lassen. Doch nun, wo alles gesagt ist, wirst du mir den Spruch der Götter mitteilen!«

»Ja, Julius Civilis, und der Dank für das, was du getan hast, ist dir sicher.«

Der Bataver nickte stumm und ich ahnte, dass er mich durchschaut hatte. Trotzdem machte er mein Spiel mit!

»Damals an König Gunnars Grab hatten mich die Stimmen der Götter derart ergriffen, dass ich nicht mehr ich selbst war«, erklärte ich Julius Civilis. »Erst nachdem sie mich wieder losgelassen hatten, hörte ich von anderen, welche Voraussage über meine Lippen gekommen war. Das hatte mich damals zutiefst erschreckt. Aber mittlerweile habe ich gelernt mich nicht ganz in die Gewalt der Ewigen zu begeben. Doch hängt es immer wieder davon ab, wie stark ihre Stimmen aus mir sprechen und wie sehr es ihnen gelingt, mich zu überwältigen.«

»Wirst du dich nun auf deinen Sitz niederlassen um meine Frage zu hören, Veleda?«

Ich nickte und zog sogleich meinen Kopf vom Eingang zurück. Um mich einzustimmen griff ich nach dem Eulenschädel, in dessen Augenhöhlen Waluburg einst die beiden Kristalle eingesetzt hatte. Ich hielt den kleinen weißen Schädel so gegen das Licht des Feuers gerichtet, dass sich die Flammen in den fingernagelgroßen Kristallen widerspiegelten. Dann blickte ich hinein und überließ mich mehr und mehr dem funkelnden Spiel. Vollkommene Ruhe erfasste mich. Ich vernahm schon bald nichts mehr außer der Frage, die Julius Civilis über mich an die Götter richtete: »Was geschieht, wenn wir uns gegen die Römer erheben?«

Und sogleich sprudelte es über meine Lippen: »Wenn sich erheben die Stämme am Rhein, dann werden ihre Waffen siegreich sein!«

Aber sogleich sah ich auch Tod und Verderben. Reiter versanken in Sümpfen. Pferde wieherten in Todesangst. Menschen starben durch Lanzen gefällt oder durch Schwerthiebe. Ich sah Dörfer brennen und Menschen vor den Flammen fliehen. Ich sah Kinder weinen, die ihre Eltern verloren hatten. Ich sah Elend und ich sah, wie eine große Stadt der Römer von den Stämmen am Rhein so lange immer wieder berannt wurde, bis ihre Mauern einstürzten. Ich sah lachende siegreiche Gesichter. Ich sah zugleich andere, die verzweifelt dreinblickten. Verlierer hockten neben Gewinnern. Ich sah sie

alle wie in einem langen Traum an mir vorbei-
marschieren. Ich sah ein ganzes Lande brennen. Endlich riss ich mich davon los.

»Hörst du mich noch, Veleda?«, vernahm ich
eine Stimme. Es war Civilis. Ich hätte nicht sagen können, wie lang er schon auf meine Antwort wartete.

»Ich habe dir alles gesagt, was die Götter
mich wissen ließen«, antwortete ich ihm ruhig.

»Ich bin sehr zufrieden mit deinem Spruch,
Seherin der Brukterer.« Seine Freude war unüberhörbar. »Ich werde allen im Lande deinen
mächtigen Spruch mitteilen. Auch den Römern! Du wirst ihnen gewaltige Furcht einjagen, Veleda! Denn auch Römer fürchten fremde
Götter und was diese den Sterblichen offenbaren.«

Ich war zu erschöpft um ihm zu antworten.

»Lebe wohl, Brukterin mit dem schönen Gesicht, wir werden uns wieder sehen, sobald wir
die Römer aus unsrem Lande davongejagt haben.«

»Lebe wohl, Bataver! Und sieh dich vor«,
murmelte ich, stieg von meinem Sitz herunter
und ließ mich ermattet auf mein Lager nieder.

Ich ahnte, was mein Spruch im Lande der
Germanen anrichten würde. Aber wie hätte ich
zurückhalten können, was die Götter längst beschlossen hatten?

Ein unheilvoller Blitz

Für uns Römer kam der Aufstand am Unterlauf des Rheins völlig überraschend. Niemals hätten wir angenommen, dass Urheber einer solchen, bis dahin nie gekannten Erhebung germanischer Stämme ausgerechnet die so verlässlichen Bataver sein würden«, ging ich auf das ein, was Veleda zuletzt gesagt hatte. »Aber auch dein geschätzter Julius Civilis hat nur allzu häufig doppelzüngig geredet. Einerseits hasste er Aulus Vitellius zu Recht. Andererseits kämpfte er jahrelang treu auf Seiten Vespasians, wobei man heute im Nachhinein sagen muss, dass er unter der Maske eines vespasianischen Parteigängers seinen Freiheitskampf geführt hat. Nur auf diese Weise konnte er heimlich genügend Kräfte sammeln, um so erstarkt wie einst Arminius gegen Rom loszuschlagen.«

Ich wartete auf eine Reaktion der Germanin. Doch Veleda blieb gelassen.

Der Spruch, den mir die Götter eingegeben hatten, entflammte die Stämme an der Lippe und am Rhein. Sogar im fernen Gallien konnte Julius Civilis für seinen Aufstand noch Verbündete gewinnen. Das ganze Land brannte schon bald lichterloh, ganz so, wie ich es vorausgesagt hatte. Und die Römer verloren jedesmal, wo auch immer sie sich zur Schlacht stellten. Immer mehr Stämme schlossen sich dem Kriegsführer Julius Civilis an. Sogar die Ubier, die bis dahin treuesten Römerfreunde. Die Stämme jubelten, weil ihnen die Götter zur Seite standen.

Mir wurde sogar ein erbeutetes römisches Schiff geschenkt. Es war eine große Trireme, die die dankbaren Batraver bis zu mir an den Oberlauf der Lippe brachten. Ich sehe es heute noch so vor mir, als ob es erst gestern geschehen wäre. Es war ein trüber, wolkenverhangener Tag. Schwer und dick klatschten die Tränen der Götter auf das Wasser der Lippe und die braunen Planken der Galeere, als die Batraver damit am Ufer bei unserem Dorf anlegten. Mälo eilte an der Spitze seiner Männer unverzüglich zu ihnen. Alle staunten über das gewaltige fremde Schiff, das für den Fluss viel zu groß war. Seine Riemen berührten beinahe beide Ufer. Die Batraver, deren Gewänder bis auf die Haut durchnässt waren und denen der Regen noch immer aus den Haaren floss, lachten glücklich über das, was sie vollbracht hatten. Sie hatten Vitellius das Schiff, mit dem er sonst den Rhein befahren hatte, heimlich bei der Stadt der Ubier entwendet und waren damit des Nachts losgerudert. Sie wollten es der Jungfrau übergeben, die ihnen bis dahin nichts als Sieg und Glück geweissagt hatte. Mälo bedankte sich bei den Batravern für ihr ungewöhnliches Geschenk und lud sie zu einem ausgiebigen Mahl ins Dorf ein. Ich denke, der Met wird dabei reichlich geflossen sein. Es wurden Lieder gesungen und von den vollbrachten Kriegstaten erzählt. Am späten

Abend kam Mälo zu mir an den Turm und fragte mich, nicht ohne Stolz in der Stimme, was mit dem Schiff der Römer geschehen solle. Ich brauchte nicht lang zu überlegen.

»Wir werden es schon morgen den Göttern opfern.«

Mein Vater zeigte sich zufrieden.

»So und nicht anders soll es geschehen, Veleda!«

Am anderen Tag sah ich die große Galeere von weitem lichterloh brennen. Brukterer und Bataver standen vereint am Ufer und dankten den Göttern.

Viele Menschen waren aufgeregt zusammengelaufen um das römische Kriegsschiff erst brennen und dann in den Fluten versinken zu sehen. Schwarzer Rauch stieg bis zu den Wolken auf und war weit zu sehen. Vielleicht sogar bis zum Römerkastell Aliso. Mir zu Ehren wurde ein Lied angestimmt, das mich über alle Sterblichen erhob. Ich war gerührt. Zum ersten Male spürte ich, dass ich nicht nur für die Brukterer, sondern für alle Germanen wirklich von Bedeutung war. Das Opfer, das wir gebracht hatten, sprach sich herum. Auch bei den Römern. Und das Unglaubliche geschah.

Aulus Vitellius wollte mich besuchen und mich befragen.

Unser größter Feind! Ich traute meinen Ohren nicht, als Mälo mich auf seine Ankunft vorbereitete.

»Aulus Vitellius kommt zu mir? Ist das wahr?«

»So ist es, Veleda!«

Ich war schier entsetzt.

»Und keiner von uns hindert ihn daran?«

»Er hat sich zuvor unter den Schutz von Wodan und Tamfana gestellt. Er kommt allein, unbewaffnet, ohne seine Soldaten, und ein Brukterer erschlägt keinen wehrlosen Mann, selbst wenn dieser zu seinen größten Feinden zählt.«

»Er ist uns verhasst wie kein Zweiter!«

»Ich weiß! Aber du wirst ihn trotzdem anhören, Veleda! Erst wenn er unser Gebiet wieder verlassen hat und nach Aliso zurückgekehrt ist, steht er nicht mehr unter dem Schutz unserer Götter.«

»So soll er denn zu meinem Turm kommen!«, gab ich mit rauer Stimme nach.

Aber bis dahin sollte Sunna ihren Wagen noch mehrmals über uns hinwegschieben. Irgendetwas verzögerte die Ankunft des Römers. Mir konnte das nur recht sein, denn ich fürchtete mich diesen Aulus Vitellius zu sehen und für ihn in die Zukunft zu blicken.

Wodans Sohn Donar, der die Winde führt, den Regen bringt, Blitze schleudert und den Donnerhall erzeugt, tobte sich an dem Tag, an dem der Römer endlich zu mir kommen sollte, mächtig aus.

Ich stand wie so oft an meiner Maueröffnung und blickte zum wolkenverhangenen Himmel empor.

Düster hatte dieser Tag begonnen und so sollte er auch enden, denn Sunnas Wagen war es nicht gelungen, Notts bleiernen Mantel beiseite zu schieben. Weithin war mächtiger Donnerhall zu hören, ein Krachen und Zerschmettern, dass einem angst und bang wurde. Grelle Blitze zuckten über den Himmel. Ich erinnerte mich einmal mehr an das, was ich einst von Waluburg, der Hagedise, gehört hatte. Sie hatte mich einstmals, als es donnerte und blitzte, an den Rand einer Lichtung geführt und gesagt: »Betrachte den Himmel über dir, Veleda! Die Wolken stoßen dort oben zusammen um Blitze zu erzeugen. Sie wollen uns Zeichen geben.«

Die Hagedise lehrte mich auf die unterschiedlichen Blitze zu achten. Aus ihnen könnte auch jemand, dessen Zunge nicht von den Göttern geführt wird, Zukünftiges ablesen.

So kann ein Blitz, der fast gerade vom Himmel zur Erde herabfließt, zu etwas raten oder von etwas abraten; einer, der verästelt ist und von blutroter Farbe, kündet immer Gefahr an. Aber meistens ist die Farbe der Blitze eher weiß und Donar, der sie schleudert, lässt sie nur selten allzu großen Schaden auf Erden anrichten.

Seit ich in meinem Turm lebte, hatte ich immer auf das Aussehen von Blitzen geachtet, die gerade im Frühjahr sehr zahlreich sind. Bevor der Römer mir an diesem Tage seine Aufwartung machte, eilten zwei unserer Unfreien herbei und stellten einen Regenschutz für Aulus Vitellius auf. Dies geschah wohl auf Veranlassung des Römers, der das von Mälo gefordert haben mochte um nicht bis auf die Haut durchnässt zu werden.

So rammten die Männer vier Lanzen in den weichen Boden und befestigten daran etwa in Kopfhöhe eines Ewachsenen ein großes rechteckiges Tuch, das an seinen vier Rändern purpurfarben abgesetzt war. Danach entfernten sie sich wieder. Da erinnerte ich mich, dass die Truppen des Aulus Vitellius diesen vor kurzem zum römischen Kaiser ausgerufen hatten. Jedenfalls hatte mir diese Nachricht kurz zuvor kein Geringerer als Julius Civilis zukommen lassen.

Wie von ihm gefordert, kam Aulus Vitellius allein. Er war ein dicker, fast glatzköpfiger Mann in purpurverzierter Toga, der an jedem Finger mindestens einen Ring und um seinen Hals zwei breite Goldketten trug. Er schlurfte ein wenig gebeugt den matschigen Weg entlang. Als er näher herangekommen war, konnte ich sein pockennarbiges Gesicht erkennen, das aufgedunsen schien. Er war wirklich so hässlich, wie man ihn mir vorab geschildert hatte.

Das Schlimmste aber war seine Stimme, bei der ich unwillkürlich zusammenzuckte, weil sie schleimig und verlogen klang. Wodan sei Dank brauchte ich diesen Römer nicht ständig anzusehen, nicht einmal zu begrüßen. Ich selbst blieb für ihn ohnehin unsichtbar, was ihm ganz und gar nicht zu schmecken schien.

»Sei gegrüßt, Veleda vom Stamme der Brukterer, wo auch immer du dich in deinem Gemäuer verkrochen haben magst. Ist das eine
Art und Weise, den proklamierten Kaiser zu begrüßen, indem man sich vor ihm versteckt? Warum zeigst du dich nicht wenigstens einmal
kurz an deinem Eingang dort oben? Ich bin es
gewohnt, gebührend empfangen zu werden. Es
ist eine Zumutung, wie ihr Germanen einen Römer wie mich behandelt. Aber was beklage ich
mich! Es war mein eigener Wunsch, dich an der
Lippe aufzusuchen, Veleda. Trotzdem könntest
du mir antworten. Oder bist du mittlerweile
taub und stumm geworden? Vielleicht lebst du
ja auch gar nicht mehr und dein Stamm will
mich betrügen?«

»Ich lebe noch, Aulus Vitellius, und höre dir
zu«, antwortete ich auf Latein. Das verfehlte
seine Wirkung nicht.

»Oh, die Augurin spricht die Sprache des
Feindes, wie angenehm! Ich bin doch immer
wieder überrascht, wie klug einige von euch
Barbaren doch sein können. Das erleichtert für
mich manches, Brukterin. Aber ich bin neugierig zu erfahren, wer dich meine Sprache lehrte.«

»Niemand Geringeres als Julius Civilis, aber
das wirst du dir sicherlich schon gedacht haben, Römer!«

Aulus Vitellius spie verächtlich auf den Boden.

»Civilis! Also war es doch dieser elende
Hund, der dich verdorben hat, Veleda. Sicher-

lich hat dich dieser verlogene Bataver so lange betört, bis du ihm nach dem Munde geredet hast. Du hast dich von ihm umgarnen lassen und nun glauben die Stämme am Rhein, allen voran die Bataver, die Götter seien ihnen so sehr gewogen, dass sie ihnen bei dem Aufruhr beistehen. Nicht nur, dass sie diesen Aufruhr überhaupt gewagt haben, nein, sie sind sogar der festen Überzeugung, sie könnten ihn auch noch glücklich zu Ende bringen. So viel Unverstand muss den Göttern einfach übel aufstoßen. Es wird ein böses Ende mit den Batavern und diesem Civilis nehmen, wenn du ihnen nicht Einhalt gebietest, Augurin.«

Mir stockte der Atem. Das also war der Grund, warum er mich aufgesucht hatte! Ich sollte meine Weissagung verleugnen und die Stämme aufrufen ihren Krieg unverzüglich zu beenden. Aulus Vitellius wollte mich dafür benutzen, seinen Plänen zu dienen. Das war unerhört! Beinahe wäre ich aufgesprungen und an den Eingang geeilt um ihn zu beschimpfen.

Aber die Götter bewahrten mich vor diesem groben Schritt. Ich atmete mehrmals ruhig ein und aus, bevor ich dem Römer schließlich antwortete: »Was Julius Civilis einst von mir erfuhr, ist nichts als der Spruch der Götter gewesen. Unverfälscht habe ich ihn weitergegeben, Aulus Vitellius, ganz so, wie man es von einer Seherin erwartet.«

Der Römer starrte wütend nach oben. Dann schritt er aufgeregt unter seinem Zeltdach hin und her. Um ihn herum regnete es in Strömen. Allmählich ließ der dünne Stoff über seinem Kopf mehr und mehr Nässe zu ihm durchdringen.

»Ich bezweifele auch nicht, dass du die Stimme der Götter wiedergibst, aber ich bezweifele, ob es klug war, Julius Civilis dadurch zu einem törichten Kampf gegen uns anzustiften. Er wird unterliegen, weil sich am Ende jeder der Macht Roms beugen muss. Also kannst du jetzt nicht nur Schaden von deinen eigenen Leuten abwenden, sondern von allen Stämmen, die sich von Civilis haben aufwiegeln lassen. Du wirst einstmals die größte Seherin der Germanen genannt werden, wenn du erkennst, was jetzt notwendig ist. Beende das Blutvergießen! Fordere die Stämme auf sich zu ergeben. Fordere Civilis auf, nicht länger mit seinem Größenwahn fortzufahren. Es wird nicht zu deinem Schaden sein, Veleda, wenn du auf meine Bitte eingehst. Denn schon bald werde ich in Rom Kaiser sein und du eine im ganzen römischen Reich geachtete Augurin.«

Es war unglaublich, mit welchen Mitteln dieser Römer versuchte mich auf seine Seite zu ziehen. Nie zuvor war ein solches Ansinnen an mich herangetragen worden. Er forderte mich auf nicht nur die Stämme zu verhöhnen, sondern auch noch die Götter zu hintergehen!

»Fürchtest du die Germanen so sehr, dass du eine ihrer Priesterinnen zu bestechen versuchst, damit ihr Römer nicht zu Grunde geht?

Denn ihr werdet zu Grunde gehen, und zwar durch die ungebrochene Macht der germanischen Stämme, die euch am Ende niederzwingen wird. So ist es vorausgesagt!«

Der Römer lachte. In meinen Ohren klang es widerlich. Zugleich machte mir sein Lachen Angst. Vitellius würde auch vor Mord nicht zurückschrecken, wenn dieser ihm dienlich war. Sollte ich diesem Römer je in die Hände fallen, so würde er mich so lange foltern lassen, bis ich sagte, was er von mir hören wollte.

Ich wollte ihn so schnell wie möglich loswerden. Deshalb bot ich ihm an die Götter zu seinem eigenen Schicksal zu befragen. Aulus Vitellius grinste spöttisch, doch dann schien sein Interesse auf einmal geweckt.

»Nur zu, Veleda, sage mir ins Gesicht, was ich längst schon weiß. Ich werde bald Kaiser in Rom sein, und wenn dich dies deine Götter wissen lassen, ändert das ja vielleicht deine sture Haltung meinem Wunsch gegenüber! So nenne mir schon mein Schicksal, Germanin!«

Ich nahm auf meinem Sitz Platz und spielte ein wenig mit dem Eulenschädel in meinen Händen. Es war mir stets leicht gefallen, mich in die Hände der Götter zu begeben, sogar jetzt ließ mich meine Gabe nicht im Stich. »Niemals wirst du in Rom regieren, Aulus Vitellius! Ein Mächtigerer als du wird dich verdrängen. Du selbst wirst fallen, wenn Vetera fällt. Dies ist dir als Los aufgegeben, und je mannhafter du es erträgst, umso besser für dich!«

»Du Schlange! Du elende Natter! Du bist eine falsche Augurin. Du sagst nur das voraus, was dir selber und deinen Leuten genehm ist. Du bist keine wahre Priesterin! Du bist ein verlogenes Weib!«

Ich schwieg betroffen, weil ich einen solchen Gefühlsausbruch nicht erwartet hatte. Wäre er römischer Kaiser geworden, hätte ich es ihm gesagt, denn eine Veleda spricht niemals die Unwahrheit. Aber das wusste dieser Römer offensichtlich nicht oder wollte es nicht wahrhaben.

Zornig machte Aulus Vitellius kehrt, stampfte mehrmals mit dem Fuß auf und verschwand endlich in Richtung der Bäume, die den Turm umgaben. Ich atmete auf.

Doch in diesem Moment geschah es. Ein gewaltiger Blitz, danach ein Donnerschlag, der in meinen Ohren wie ein dröhnender Gong geklungen hatte. Doch was mich zutiefst erschrecken ließ, war die Farbe des Blitzes gewesen, der die Wolken gespalten hatte: dunkelrot.

Erschrocken und verunsichert sah ich diesen roten verästelten Blitz, als längst auch das Donnergrollen abgeklungen war und heftiger Regen eingesetzt hatte, noch immer vor mir. Er kündete Gefahr an, allergrößte Gefahr, nicht nur für mich, sondern auch für die Stämme, die sich im Aufstand befanden.

»Hilf mir, Waluburg«, flüsterte ich. »Was soll ich jetzt tun? Soll ich die Stämme auffordern ihre Waffen niederzulegen, weil sie sonst dem

Untergang entgegengehen? Das sähe doch aus, als hätte Aulus Vitellius mich bestochen. Aber die Blitze sind Zeichen der Götter, das hast du immer gesagt. Nun kündet dieser eine großes Verderben an. Was nur, Waluburg, würdest du mir jetzt raten? Ich habe doch noch immer deinen Rat gesucht, wenn ich nicht mehr weiterwusste.«

Aber Schweigen umgab mich. Ich hörte nichts als das Prasseln des Regens. Weitere Donnerschläge brüllten am Himmel und weitere Blitze zuckten von dort oben zur Erde herab.

Todunglücklich ließ ich mich bäuchlings auf mein Lager fallen und verbarg meinen Kopf unter einem Bärenfell. Ich weinte bitterlich, aber niemand kam um mich zu trösten. Wie auch? Eine Veleda bleibt auch dann allein, wenn sie selbst um Hilfe schreit.

»Waluburg, hilf mir, bitte«, flüsterte ich immer wieder. »So hilf mir doch!«

Alles vergeblich!

Das Sommeropferfest

Wodan, Donar und Tamfana, überhaupt alle
Götter, die wir ehren, waren den Stämmen in ihrem Aufruhr auch weiterhin gewogen und ein
großes Römerkastell nach dem anderen fiel
den mutigen Kriegern der Bataver, Brukterer,
Canninefaten und Friesen in die Hände. Sie
brannten die Lager der Römer nieder und priesen bei jedem Erfolg die junge Seherin an der
fernen Lippe, die ihnen dies alles vorausgesagt
hatte.

Manchmal beschlichen mich Zweifel, ob der
Blitz, den ich gesehen hatte, wirklich eine Warnung gewesen war. Aber eine innere Stimme
mahnte mich, nicht wankelmütig zu werden
und die Warnung nicht in den Wind zu schlagen. Natürlich hatte ich eine Vermutung, wes-
sen Stimme mich innerlich derart bedrängte
und beschwichtigte sie: »Wenn du es bist, Waluburg, die mir rät sich dem Blitz gegenüber nicht
blind zu stellen, so antworte ich dir, dass du
dich deswegen nicht sorgen musst. Aber es
wäre mir weitaus angenehmer, wenn sich Donar selbst geirrt hätte.«

Aber das war ein törichter Gedanke.

Wir Germanen feiern sehr gern. Ich kenne das
von meinem Stamm, ich weiß es aber auch von
den Marsen oder den Cheruskern. Jedenfalls

lud mein Vater Mälo zu Beginn des Sommers, als der Krieg fern von uns tobte und die Götter uns mit Siegen verwöhnten, Freunde, Verwandte und Fürsten aus anderen Stämmen zu uns ins Dorf ein. Gemeinsam mit ihnen sollte das Sommeropferfest begangen werden.

Bei einem solchen Fest gibt es immer reichlich zu essen. Auch das, was den Göttern angeboten wird, ein Schwein etwa, ein Reh oder ein Pferd, wird nach Darbringung des Opfers von allen gemeinsam verzehrt. Es kann ja nicht angehen, dass man dasjenige, was man den Göttern anbietet, selbst verschmäht, oder? So jedenfalls denken Germanen.

Normalerweise ernähren wir uns vor allem von Mus, einer mit Kuhmilch zubereiteten Hafergrütze, doch bei einem Sommeropferfest steht Deftigeres zur Auswahl, sehr zur Freude der Männer, denen schon Tage vorher das Wasser im Munde zusammenläuft, wenn sie an alle die Rippchen, Lendchen und Krusten denken, die überm Feuer gebraten auf sie warten. Denn wenn der Fürst eines Stammes sich Gäste einlädt, dann werden Wildschweine über dem Rost gedreht, Fladenbrote aus Roggen, Gerste und Hafer gebacken, Möhren, Lauch und Erbsen angeboten. Auch unser Met, ein süßes, schweres und berauschendes Getränk, fließt an solchen Tagen besonders reichlich. Immer wieder kreisen die randvoll gefüllten Becher in der Runde. Auch das heilige Trinkhorn, in dem sich ebenfalls Berauschendes befindet, durch dessen Genuss alle Versammelten vereint werden sollen, darf bei solchen Festen nicht fehlen.

Das Schönste an diesem großen Opferfest in dem Sommer, als die vereinten Stämme die Römer beinahe für immer aus dem Land verjagt hätten, war der Wunsch meines Vaters und vieler Abgesandter anderer Stämme gewesen, dass auch ich daran teilnehmen sollte.

Ich sollte also zum ersten Mal meinen Turm verlassen dürfen! Das war allerdings gar nicht so einfach, wie man zunächst vermuten mag. Als Veleda war es mir verboten herunterzusteigen und zwischen den Menschen umherzugehen.

Mein Vater musste zuerst die Erlaubnis der Priester einholen, jener Priester, die mich damals auf dem Weg zu meinem Turm begleitet hatten. Als ich davon hörte, war ich von einem Moment zum anderen todtraurig, weil ich mir denken konnte, welche Antwort sie meinem Vater geben würden.

Aber es kam anders. Welche Überraschung! Sie erlaubten nicht nur, dass ich an dem Fest leibhaftig anwesend sein durfte, nein, sie eilten selbst herbei um das Ereignis nicht zu versäumen! Ich war sprachlos und erwartete die Priester mit großer Ungeduld.

Weit hallende Lurenklänge verkündeten mir ihre Ankunft und ließen mich freudig erbeben. Dann sah ich, wie sich eine Gruppe weiß gekleideter Männer und Jungfrauen vom Dorf langsam zu mir auf den Weg machte. Einige von ihnen trugen Fackeln. Sie gingen schweigend. Ihre Augen waren auf den Turm der Veleda gerichtet.

Während sie so auf mich zuschritten, musste ich plötzlich daran denken, dass ich mein besonderes Haus nicht zum ersten Mal verlassen würde. Bereits einige Male hatte ich mich den kaum fußtrittgroßen Grasbuckeln im Sumpf anvertraut und war über sie bis ans Ufer der Lippe gelangt. Dort hatte ich meine Glieder in den Fluten gekühlt um dann im Schutz eines sichelförmigen Mondes und seines sanften Lichtes wieder zurück zu meinem Turm zu gelangen. Der Mond, das ist Sunnas Bruder Mani, der den Mondwagen lenkt. Ich fühlte, dass Mani mir wohlgesonnen war. Nur deshalb hat mich niemals ein Mensch bei meinem verbotenen Gang beobachten können.

Ich lächelte, als ich mir vorstellte, was für ein Gesicht die Priester wohl machen würden, wenn sie wüssten, dass ich derart ungehorsam gewesen war. Mein Ruf war mittlerweile zu vielen Stämmen gelangt, die mich lobten und priesen, gerade deshalb hatte ich mich wie eine Priesterin ersten Ranges zu benehmen. Und das bedeutete vor allem: Gehorsam den Geboten gegenüber!

Dann hatte die Gruppe meinen Turm endlich erreicht. Notgar, der älteste Priester mit dem weißen Bart eines keltischen Druiden, segnete zuerst mein Haus. Sein Gewand wurde an der rechten Schulter von einer goldenen Fibel zusammengehalten. Notgar war eine beeindruckende Erscheinung, dessen Autorität bei vielen Stämmen anerkannt war. Er rief mich mit lauter Stimme: »Veleda, Seherin der Menschenwege, die du mit den drei Schicksalsgöttinnen Urd, Werdandi und Skuld Vergangenheit, Gegenwart und Zukunft erkennst, zeige dich uns und tritt hervor.«

Ich ließ mich am Eingang sehen, blieb jedoch stumm.

Notgar fuhr fort: »Skuld, das ist die Norne der Zukunft, Skuld, das ist die Schicksalsgöttin, die dich Leben und Tod der Menschen sehen lässt, o mächtige Skuld, Tochter der Riesen der Urzeit, damit älter als die Götter, erlaube, dass wir Veleda in unsere Mitte aufnehmen und sie an unserem Sommeropferfest teilnimmt.«

Notgar schwieg und wartete geduldig auf ein Zeichen Skulds. Gebannt beobachtete ich, was vor sich ging. Wenn man auf ein Zeichen der Götter wartet, weiß man nie im Voraus, was kommen wird. So waren wir alle still versunken in den Anblick von Himmel und Erde. Auf einmal flogen drei Schwäne über den Turm hinweg und ließen sich im Sumpf auf einem schwarzen Wasserloch nieder.

Notgar reckte beide Arme in die Höhe; sein Gesicht war vor Freude gerötet.

»Ein größeres Zeichen ist nicht möglich. Skuld sei gedankt! Skuld ist mächtig wie ihre zwei Schwestern, denen wir Sterblichen ergeben danken.«

Schwäne sind die heiligen Vögel der drei Schicksalsgöttinnen. Ich bedankte mich stumm bei Skuld und war zutiefst bewegt, hatte ich doch befürchtet, dass sie mich wegen meines Ungehorsams strafen würden.

Danach nahmen die Priester mich in ihre Mitte, wobei ich auf einer Trage Platz nehmen musste. So brachten sie mich ins Dorf meiner Sippe, das ich seit Jahren nicht mehr gesehen hatte. Tränen stiegen mir in die Augen. Ich sah meine Mutter Wilrun, die sich eher verschämt am Eingang unseres Hauses herumdrückte und kaum wagte ihre Tochter anzuschauen. Ich sah meine Tante Bernhild, Gannas Mutter, die mir ergriffen zunickte und sich ebenfalls ihrer Tränen nicht erwehren konnte. Ganna selbst konnte ich in der Menge nicht ausmachen. Wie gern hätte ich sie wieder gesehen! Dass es nicht geschah, betrübte mich sehr. Auch einige von den Männern, die ich seit Kindertagen kannte, fehlten, weil sie der Krieg dahingerafft hatte. Darunter auch Catumer! Endlich hatten wird die Stelle unweit des Dorfbrunnens erreicht, an der ich einstmals in mein priesterliches Amt eingeführt worden war.

Wieder musste ich auf einem erhöhten Podest Platz nehmen. Junge Mädchen in weißen Gewändern bildeten im geziemenden Abstand einen Kreis um meinen erhöhten Seherinnensitz. Sie trugen Blumen in den Händen und sangen mir zu Ehren ein Lied, das ich niemals vergessen werde:

Veleda, Tochter der Bärensippe, den Göttern
geweiht,
mit Hilfe der Nornen im Turme bereit
den Menschen zu künden von Leben und
Tod
und ihnen zu weissagen vom Glück, von der
Not.
Wir sind gekommen deine Gabe zu preisen
und laden dich ein mit jenen zu speisen,
zu trinken, zu lachen, zu singen, sich zu
freuen,
denen du prophezeit, dass sich alles wird er-
neuern,
wenn wir jetzt abschütteln werden der Römer
Tyrannei
und die Stämme wieder umhergehen stolz
und frei.

Eine solche Verehrung machte mich schüch-
tern und ich brachte nur mit Mühe ein Wort des
Dankes über meine Lippen. Die Menschen jubelten mir zu.

»Esst und trinkt, was euch zusteht, und erfreut euch an den Siegen, die wir Veleda als unseren Dank zum Geschenk machen!«, rief Mälo
den Männern mit dröhnender Stimme zu.

Vielstimmiger Jubel brandete zurück. Ich
sah lachende Gesichter und Männer, die sich
aus Freude über das Erreichte auf die Schultern klopften.

Es war ein erhebender Anblick, die zahlreichen Menschen aus allen Stämmen des Landes

zu sehen, die vereint und friedlich beisammen-
saßen und feierten. Dann, auf dem Höhepunkt
des Festes, opferte Notgar dem Gott Donar einen großen Eber.

»Nimm, Donar, dieses wilde Schwein, das
vier Männer im Wald mit Spießen und Messern
niederringen mussten um es dir opfern zu können, als unser Geschenk an!«, sagte der alte
Priester feierlich und ein milder Abendwind
spielte dabei mit seinem langen weißen Bart.
Das Wildschwein war zuvor über einem Rost
stundenlang gebraten worden. Nun schnitt Notgar eine große knusprige Scheibe von seinen
breiten Hinterkeulen ab, spießte sie geschickt
auf die Spitze eines Messers und trat damit an
meinen Sitz.

»Der du die Götter von Anbeginn eines jeden
Tages, wenn Sunnas Wagen erscheint, bis zur
Dunkelheit, wenn Nott uns mit ihrem Gewand
umhüllt, bei dir zu Gast hast: Sei gnädig mit uns,
wenn das Fleisch noch ein wenig zäh sein sollte
oder zu schwach gewürzt, aber ich hoffe, dass
ich die beste Stelle an dem von Runhold erlegten
Wildschwein ausgesucht habe. Veleda, nimm
deshalb als Erste unsere Gabe für Donar an.«

Also hatte mein Bruder das Tier erlegt. Einen
Moment lang dachte ich an seine erste Begegnung mit einem aufgebrachten Eber zurück.
Damals war er noch ein Junge gewesen, heute
jedoch sah ich einen kräftig gebauten jungen
Mann mit rötlichem Bart am Feuer hocken,
dessen Fäuste gefürchtet waren.

Schweigend nahm ich das gebratene Fleisch entgegen. Alle Blicke waren dabei auf mich gerichtet. Ich kaute. Ich schluckte. Ich lächelte. Ich machte durch mein Mienenspiel deutlich, dass mir das Fleisch mundete.

Da sprangen alle auf und tanzten ausgelassen umher. Das Wildschwein wurde von kundigen Händen zerlegt und unter allen aufgeteilt. Selbstverständlich erhielten Mälo und Notgar nach mir die besten Stücke. Weitere Fässer mit Met wurden von Runhold und zwei seiner Freunde herangerollt. Da kannte der Jubel keine Grenzen mehr. Ich sah meinen Vater unweit des großen Feuers am Boden kauern. Er konnte mit dem zufrieden sein, was in seinem Dorf an diesem Abend geschah.

Die Wolken, die bislang den Himmel größtenteils verdunkelt hatten, brachen auf. Manis blass leuchtende Scheibe erhellte den Platz mit den fröhlich feiernden Menschen. Ich saß eine ganze Weile über da, sah ihnen zu und genoss die lang vermisste Nähe der Meinen. Mitunter wurde mir etwas zu essen und zu trinken gereicht. Lurenspieler traten auf und bliesen kraftvoll in ihre weit über Fluss und Wald klingenden dunklen Hörner.

Auf einmal löste sich ein Bataver aus dem Kreis der Sitzenden, stand auf und hob die Hand zum Zeichen, dass er zu allen Anwesenden sprechen wollte. Sogleich erstarben die Lurenklänge und es wurde ruhig. Der Mann stellte sich vor. Ich kannte seinen Namen und freute mich, denn Julius Civilis musste ihn zu uns gesandt haben.

»Seid gegrüßt, meine mit uns im Kampf vereinten Brüder vom Stamm der Brukterer, und auch du, Veleda, sei vielmals gegrüßt von meinem Herrn, Julius Civilis.«

Bewunderndes Gemurmel war überall zu hören.

»Ich bin Gandulf, ehemals treuer Diener von Claudius Paulus, den Vitellius feige ermorden ließ. Nun gehöre ich Julius Civilis, dessen Namen selbst die mächtigen Götter preisen und den die Römer fürchten wie einen Riesen, der ihr Reich bedroht.«

Einige lachten, andere stimmten begeistert zu. Den Menschen gefiel, was dieser Bataver redete.

»Mein Herr hat mich in eure Mitte geschickt, damit ich euch von unserer jüngsten, alles entscheidenden Schlacht am Rhein erzähle. Wenn wir diese gewonnen haben, wird die Macht Roms in unserem Land endgültig gebrochen sein. Zwar ist die Schlacht noch nicht ganz entschieden, aber Sunna wird nur noch wenige Male ihren Wagen über den Himmel schieben, dann wird der Sieg unser sein! Das hat uns Veleda prophezeit, die die Krieger immer wieder zu großen Taten ermutigt, als ob sie leibhaftig mit ihnen kämpfen würde.«

Ich überlegte, um welche so wichtige Schlacht es wohl gehen könnte. Mir fiel nur Vetera ein, das große Römerlager am Rhein, von dem so viel Unglück für unser Land ausgegangen war. Von hier zogen jedes Mal die Legionen über den Rhein und danach am Ufer der Lippe entlang, wenn sie wieder einmal Stämme befrieden wollten, wie sie es nannten.

»Wir belagern seit einigen Monaten Vetera, das nördlichste Kastell der Römer. Es wehrt sich verzweifelt mit Tausenden Legionären, aber es wird fallen und vom Erdboden getilgt werden, das ist so gewiss, wie die Lippe den Brukterern gehört! Civilis schickt mich, damit ich euch allen hier schildere, was im Moment fern von uns geschieht!«

Neugierig drängten sich alle um Gandulf um seinen Bericht zu hören.

Kampf um Vetera

Das aus Stein und Holz erbaute Römerkastell liegt auf einem Hügel oberhalb des Rheins, an dessen Ufer sich unterhalb von Vetera die laute und stinkende Lagervorstadt hinzieht. Sie besteht aus alten, im Laufe vieler Monde von Schmutz und Erde überzogenen Zelten, klapprigen Lagerhäusern und modrigen schwarzen

Holzhütten, in denen sich vorwiegend geldgierige Händler aufhalten. Sie versorgen die Soldaten des Kastells mit allem nur möglichen Tand und handeln ihnen zugleich die wertvollsten Stücke aus der Kriegsbeute ab. Diese Händler sind große Schlitzohren und sie verstehen es immer wieder, die Männer der 15. Legion aufs Kreuz zu legen. Diese skrupellosen Kerle würden ihre eigene Mutter in Gold und Silber aufwiegen lassen, wenn ihnen jemand solch ein Geschäft vorschlüge. Die Lagervorstadt ist ein Sumpf für Diebe und Halsabschneider, die hier leicht Unterschlupf finden können.

Als Julius Civilis zum ersten Mal ausspähte, wie man Vetera am besten zu Fall bringen könnte, fiel ihm die verkommene Lagervorstadt auf, die die Römer ›Canabae‹ nennen. Die Canabae ist im Laufe der Zeit wie ein Pilz an einem Baumstamm gewuchert, so dass sie wegen ihrer Unübersichtlichkeit für die Verteidigung des Römerkastells auf dem Hügel zu einem echten Problem geworden ist. Denn ist es einem Feind erst einmal gelungen, sich in der Canabae festzusetzen, so kann er von hier aus ungestört seine Angriffe auf Vetera vorbereiten. Nachschub rollt von jeher über den Rhein an und für die Römer im Lager selbst bleibt die Lagervorstadt unangreifbar. Aus diesem Grunde befahl Civilis, dass zuerst die Canabae eingenommen werden sollte. Ich muss euch allen hier eingestehen, dass das fast so leicht vor sich ging, als würden Kinder Kühe auf die Weide treiben. Wir Bataver gelten als die besten Schwimmer im Lande. Im Schutz der Dunkelheit stiegen also zweihundert von uns am gegenüberliegenden Ufer ins Wasser und schwammen auf die Vorstadt zu. Auf ihrem Rücken hatten die Krieger ihre Schwerter befestigt. Ansonsten trugen sie nur Hosen und Gürtel, in denen Messer steckten.

Während sie nun den Rhein unbemerkt durchschwammen, drang aus der Canabae Lärm und Gesang zu ihnen herüber. Das war nichts Ungewöhnliches. Händler trinken und feiern gern am Abend miteinander, vor allem wenn sie ein gutes Geschäft gemacht haben. Dazu laden sie sich dann auch gewisse Frauen ein um sich mit ihnen zu vergnügen. So waren sie vollkommen arglos und die Krieger überrumpelten die Menschen aus der Lagervorstadt ohne dabei auf allzu große Gegenwehr zu stoßen. Niemand hatte mit einem solchen Angriff gerechnet und so befand sich die Canabae schon nach kurzem Einsatz der Schwerter fest in der Hand der Germanen. Am ersten Abend trafen sich die Führer der am Aufruhr beteiligten Stämme mit Civilis im größten Holzhaus. Es gab hitzige Gespräche darüber, wie man weiter vorgehen sollte, denn noch war das Römerkastell nicht erobert. Das Gefährlichste sollte erst noch folgen. Einer der größten Hitzköpfe, der aber zugleich fürchtete gegen die Römer im bevorstehenden Kampf zu unterliegen, war der Tenktererfürst Gutones. Er rief Civilis aufgeregt zu: ›Dort oben stehen mehr als fünftausend Legionäre bereit. Wir selbst müssen unnötige Opfer vermeiden. Es sollte auf unserer Seite so wenige Verluste wie möglich geben, weil immer wieder neue Legionen herannahen können. Im Übrigen weiß ich aus Erfahrung, dass römische Legionäre gerne die Unterlegenen spielen um dann umso heftiger zurückzuschlagen, wenn niemand damit rechnet. Im offenen Gelände gegen sie zu bestehen ist hoffnungslos. Ihre Kampftechnik ist der unseren weit überlegen. Wenn wir also nicht die Entscheidung im offenen Kampf suchen, wie willst du dann die hohen Mauern des Kastells überwinden, Julius Civilis?‹

Beifällige Stimmen wurden laut, nachdem Gutones geendet und sich zu seinen Leuten gesellt hatte. Der Tenkterer hatte nicht Unrecht, denn Vetera war stark und bestens vorbereitet.

Civilis lächelte böse, dann trat er vor die Versammelten. ›Gut gesprochen, Fürst Gutones aus dem Stamm der Tenkterer, aber wir sollten in unserem Herzen nicht allzu zaghaft sein. Bislang haben wir auf der ganzen Linie gesiegt und die Römer aus zahllosen Kastellen längs des Rheins vertrieben. Sobald Vetera in unsere Hände fällt, sind wir alle frei von diesem Joch. Im großen Lager bei der Stadt der Ubier (Köln) habe ich meine Frau und meine Schwester zurückgelassen. Das sollte dir zeigen, Gutones, für wie sicher ich unseren Sieg halte. Kein Römer wird jemals wieder an den Rhein zurückkehren. Was aber nun die Eroberung von Vetera angeht, so werden wir das Kastell auf die gleiche Weise zu Fall bringen, wie es die Römer umgekehrt auch machen würden.‹

Er unterbrach seine Rede kurz um die Wirkung seiner nachfolgenden Worte dadurch zu erhöhen. Alle warteten wie gebannt auf seinen ausgeklügelten Plan.

›Wir werden Vetera erobern, indem wir nach römischem Vorbild Angriffstürme bauen und von diesen aus Brandpfeile in das Kastell hineinschießen.‹

›Aber die Wälle sind mehr als viermal tausend Schritte lang. Wie sollen wir sie da jemals einnehmen können?‹, fragte jemand von ganz hinten.

›Wir werden Vetera einschließen und belagern. Wir werden seine Wälle ununterbrochen berennen. Wir werden vier Angriffstürme bauen und damit gegen die großen hölzernen Tore anstürmen. Wir werden allen Nachschub für Vetera unterbinden und das Kastell aushungern, wenn es uns nicht gelingen sollte, vorher einzudringen. Wir haben obendrein das Wort der Veleda, dass Vetera durch uns vernichtet wird. Was, so frage ich euch, wollen wir mehr?‹

Die meisten jubelten Civilis zu und stellten sich bedingungslos auf seine Seite. Er würde sie zum Sieg führen und so gelobten sie ihm Treue und sogar mit ihm zusammen in den Tod zu gehen, falls das nötig war.

Nur Gutones schien immer noch nicht zufrieden. Er machte ein schiefes Gesicht und dachte offensichtlich über etwas Wichtiges nach.

›Was ist mit Aulus Vitellius, Bataverfürst? Immerhin verfügt er über eine gewaltige Streitmacht von siebzigtausend Mann. Das ist dreimal mehr, als wir auf die Beine stellen können. Wenn er jetzt anrückt, und ich sehe keinen Grund, warum er das nicht tun sollte, dann sind wir alle verloren.‹

›Das wären wir in der Tat, Gutones‹, bestätigte Civilis seinen Einwand. ›Aber die Götter haben sich in diesem Krieg nun einmal auf unsere Seite gestellt. Vitellius will sich in Rom zum Kaiser ausrufen lassen; ebenso wie Otho, ebenso wie Galba, der es schon ist, und wie dieser Vespasian, den ich zugegebenermaßen nach wie vor als Soldat bewundere. Aulus Vitellius wurde von Veleda geweissagt, so wurde mir aus geheimer Quelle versichert, dass er sein Leben verlöre, wenn er sich in Vetera blicken ließe. Also hat er seine gesamte Streitmacht genommen und ist mit dieser über die Alpen ins ferne Rom aufgebrochen. Vermutlich sehen wir ihn niemals wieder, denn er wird auch nicht Kaiser werden, wie mich Veleda durch einen Boten hat wissen lassen.‹

Gutones nickte freundlich. Er gab sich geschlagen, denn sein bis dahin eher missmutiges Gesicht hellte sich merklich auf. ›Dann sehe ich keine Gefahr auf uns zukommen, Civilis. Wir werden die fünftausend Legionäre da oben zu Mus schlagen. Wir Tenkterer sind jedenfalls bei dieser Schlacht mit dabei und hoffen, dass wir nach Ende des Krieges für unsere Taten reichlich belohnt werden.‹

›Das sollt ihr!‹, versprach Civilis. ›Ich gebe dir mein Wort! Wir werden gleich morgen anfangen die Türme zu bauen. Sobald wir die Ebene vor dem Lager erobert haben, verbrennen wir die Canabae. Ich will niemandem dieselbe günstige Gelegenheit geben, wie wir sie hatten!‹«

Gandulf unterbrach seine Erzählung und trank mehrere Schlucke vom besten Met meines Vaters. Den Männern, die in seiner Nähe saßen, hatte gefallen, was er ihnen von Julius Civilis und seinem Kampf gegen die Römer zu berichten wusste. Auch aus dem Stamm der Brukterer waren jetzt viele Krieger in Vetera. Mit ihren Waffen und ihrer Entschlossenheit, bis zum Ende durchzustehen, versuchten sie nun schon seit vielen Monden das Kastell zu erobern. Ich hatte vorausgesagt, dass sie siegen würden, aber zugleich beschlich mich das ungute Gefühl, dass irgendetwas nicht stimmte.

Immer wieder musste ich an den Blitz denken. Was könnte geschehen, dass dieses Zeichen wahr würde? Aulus Vitellius hielt sich also laut Gutones mit seinen Truppen in Rom auf, wo er schon bald sein Leben verlöre. Das hatten mich die Götter wissen lassen. Ich war dennoch beunruhigt, hätte aber nicht erklären können, worüber. So schwieg ich. Wovor hätte ich warnen sollen?

Gandulf leerte mehrere Trinkhörner, bevor er, gedrängt von den ungeduldigen Stimmen seiner Zuhörer, endlich fortfuhr: »Wie mich Mälo, Fürst der Bärensippe, wissen ließ, soll das Sommeropferfest weitergehen, wenn Sunna das nächste Mal ihren Feuerwagen über den Himmel schiebt. So will ich euch heute noch nicht alles erzählen, damit ihr mir auch morgen noch zuhört. Doch ein Letztes sei euch noch verraten, bevor ihr euch auf euer Strohlager für die Nacht zurückzieht.« Er schaute leicht grinsend in die Runde und blickte in erwartungsvolle Gesichter. »Weil ihr ja nicht alle mit dabei sein könnt um mit uns in Vetera zu kämpfen, so soll euch mein Bericht wenigstens aufregende Träume verschaffen. Hört also gut zu, damit Nott euch im Schlaf in Bildern weiterkämpfen lässt.

Wir fällten große Bäume, entasteten sie und bauten daraus große Angriffstürme und sogar Wurfmaschinen, wie Civilis es von den Römern gelernt hatte. Die Türme schoben wir über die flache Ebene an das Kastell heran. Schon bald flogen brennende Speere und große Steine gegen das Lager unserer Feinde. Ein heftiger Kampf entbrannte. Civilis hatte einige angewiesen ihre Schilde hochzuhalten, damit andere auf diesen stehen und so die Mauern des Kastells erklimmen könnten. Aber die Römer wehrten sich erbittert. Es floss viel Blut auf beiden Seiten. Es gab zahllose Tote und noch mehr Verletzte.

›Schiebt zwei Türme so dicht wie möglich an die Mauer heran!‹, befahl Julius Civilis. ›Während einige von uns von der oberen Plattform aus versuchen ins Lager hineinzuschießen, sollen andere im Schutz des unteren Teils des Turmes versuchen die Mauern des Lagers zu untergraben!‹

Julius Civilis zeigte sich in diesem harten Kampf immer wieder als kluger Kopf. Es bereitete den Römern sicherlich großen Verdruss, mit ansehen zu müssen, dass der Mann, den sie selbst in Kriegsdingen so gut ausgebildet hatten, nun mit demselben Eifer gegen sie vorging, mit dem er ihnen früher gedient hatte.

›Ich hoffe immer noch auf Verrat‹, erklärte er eines Abends, als wir wegen Notts dunklem Mantel nicht hatten weiterkämpfen können. Und als ihn der Tenktererfürst Gutones daraufhin stirnrunzelnd anblickte und Unverständnis äußerte, klärte Civilis ihn auf: ›Im Kastell halten sich viele Hilfstruppen auf. Es sind Germanen wie wir, also unsere Brüder. Sie werden irgendwann erkennen, dass es für sie besser ist, sich uns anzuschließen. Dann mögen die Götter Munius Lupercus beistehen. Ich gelobe, dass ich den Kommandanten von Vetera nicht eigenhändig töten, sondern ihn als Geschenk an Veleda schicken werde. Soll die Seherin entscheiden, was mit ihm weiter geschehen soll.‹«

Alle Blicke richteten sich auf mich. Die Ankündigung löste Besorgnis in mir aus, doch ich ließ mir nichts anmerken. Civilis würde mir also den Römer als Gefangenen schicken, damit ich ihn den Göttern opferte. Das behagte mir nicht, weil es die Römer noch mehr gegen uns aufbringen würde. Wer auch immer Kaiser in Rom wurde, würde diese Schmach an einem seiner hochrangigen Soldaten nicht ruhen lassen, bis sie blutig gesühnt war. Das hieß, die Römer würden gegen den Stamm der Brukterer vorgehen und ihn bestrafen. Wenn ich Lupercus jedoch laufen ließ, würde er nichts anderes im Sinn haben, als mit neuen Legionen den Krieg fortzusetzen. Wie ich es auch drehte und wendete, es fiel mir keine gescheite Lösung ein. Aber noch war der Legat und Kommandant nicht an der Lippe angelangt. So hatte ich noch einige Nächte, um mir eine Entscheidung zurechtzulegen. So glaubte ich jedenfalls.

Gandulf beendete seinen Bericht, indem er erklärte noch etwas trinken zu wollen um sich danach schlafen zu legen. Manis helle Scheibe stand hoch am Himmel und leuchtete jetzt von einem fast wolkenlosen Nachthimmel auf uns herab. Die Luft war mild und angenehm. Ich winkte Notgar zu mir und teilte ihm durch Handzeichen mit, dass ich in meinen Turm zurückgebracht zu werden wünschte. Notgar nickte und wies die Träger an, mich nach Hause zu bringen. Während ich von starken Schultern gestützt hoch auf meinem Sitz durch die Nacht getragen wurde, bemerkte ich, wie sehr ich mich an mein Leben als Veleda der Brukterer gewöhnt hatte. Es wäre mir niemals in den Sinn gekommen, jetzt hinunterzusteigen um im Schutz der Dunkelheit wegzulaufen. Ich erkannte, dass mir meine Aufgabe als Seherin vor allem deshalb so viel bedeutete, weil ich für meinen Stamm und im Hinblick auf die Römer auch für andere so viel bewirken konnte. Heute vermute ich, dass auch mein Vater Mälo mit Stolz von seiner Tochter redete, weil durch sie die Sippe des Bären weithin bekannt geworden war.

Großes Unheil für Pompeji

Dann kam der Abend, an dem mein Vater Marcus Sempronus einige Freunde in sein Haus geladen hatte um mit diesen zu speisen. Wie immer gingen wir dafür ins Triklinium, das seinen griechischen Namen von den drei Klinen, den Liegesofas, hat. Im letzten Jahr hat sich mein Vater durch gute Handwerker einen bis dahin als Schlafgemach genutzten Raum zu einem Sommertriklinium umbauen lassen. In diesem schönen, neuen Gemach, das sich zum Garten hin öffnete, standen drei Klinen, auf denen jeweils drei Personen Platz fanden.

Fünf Gäste hatte Marcus Sempronus eingeladen, nämlich Glaucus Trebius, den Architekten, und seine Frau Antonia, Cornelius Gracchus, einen jungen Ädilen, Flavius Nepos, Präfekt, und Claudius Firmus, den Besitzer einer Bäckerei in Pompeji. Sie alle zählten zu den engsten Vertrauten meines Vaters. Bei ihnen konnte er sicher sein, dass sie später nichts über Veledas Anwesenheit in unserem Hause ausplaudern würden. Von seinen Söhnen durfte nur ich an diesem Abendessen teilnehmen. Ansonsten war noch meine Mutter Laetitia zugegen.

Wir lagen auf unseren Klinen und gaben uns mit viel Lust den aufgetischten Speisen hin. Sklaven trugen zunächst köstliche Vorspeisen auf, wie Feigen, Pistazien, Früchte, Sardellen und Eier, zu denen Honigwein gereicht wurde. Danach gab es gekochte Languste in Kümmelsauce und wenig später Hase im Kräutermantel.

Schon seit einiger Zeit hörte ich Glaucus Trebius und Flavius Nepos zu, die in ein bemerkenswertes Gespräch vertieft waren.

»Ich bin gestern nach dem Beben der Erde in den Tempel der Isis gegangen um ein weiteres Mal zu opfern und die Göttin inständig anzuflehen, nicht noch größere Zerstörung an unserer Stadt zuzulassen, als wir sie ohnehin schon haben«, sagte Glaucus zu dem Präfekten, der eben dabei war, ein volles Glas Wein an die Lippen zu setzen.

Hastig nahm er einen Schluck und erwiderte: »Aber einige verdienen doch recht gut an diesen Beben, wenn ich an all die eifrigen Handwerker denke, die seit Jahren jedesmal wieder aufbauen

240

dürfen, was am Tage zuvor eingestürzt ist. Denen kann es doch gar nicht oft genug beben, weil es sich für sie bezahlt macht.« Er lachte ein wenig böse und blickte den Architekten herausfordernd an.

»Einige von ihnen mögen so ruchlos sein, mein lieber Flavius, aber das stört mich wenig. Was mich vielmehr beunruhigt, das ist, was die Bildsäule der Göttin in letzter Zeit an Orakeln ausgesprochen hat. Ich weiß, dass die Priester der Isis fromme Männer sind, die kein Fleisch essen, barfuß gehen und häufig nachts ins Gebet vertieft sind. Ich traue ihnen. Und die Orakel mahnen uns noch mehr Opfer zu bringen.«

»Dass das die Priester wollen, scheint mir ganz natürlich zu sein«, entgegnete der Präfekt. Der Spott in seiner Stimme war kaum zu überhören. »Und was ihre Frömmigkeit angeht, die du so sehr bewunderst: Hast du diese mit eigenen Augen gesehen oder hat dir einer von diesen armen Priestern davon erzählt?«

Aber Glaucus Trebius ließ sich in seiner Meinung nicht beirren.

»Was ich einzig sagen will, ist, dass mich Isis schon häufig in meinen Geschäften durch ihre Ratschläge unterstützt hat.«

Flavius hob seine Hände beschwörend in die Höhe. »Aber diese vermeintlichen Ratschläge sprechen doch ihre Priester aus!«

»Das ist richtig. Aber sie geben nur wieder, was Isis ihnen mitteilt. Was hätten denn diese Priester davon, mir Falsches mitzuteilen? Ich kann ihnen mit meiner Person nicht nützen. Also bin ich davon überzeugt, dass die Göttin durch sie antwortet.«

Der Präfekt schüttelte heftig den Kopf. »Das bezweifle ich entschieden! Selbst wenn diese Priester sich auf die uralten Mysterien Ägyptens stützen können, glaube ich nicht, dass die Göttin im Tempel uns die Zukunft voraussagt.«

In diesem Moment machte mein Vater durch ein Handzeichen deutlich, dass er als Hausherr zu sprechen wünschte.

Augenblicklich verstummten die Gespräche und die Blicke der Anwesenden richteten sich auf den Gastgeber.

»Liebe Freunde! Lasst mich euch sagen, wie sehr ich mich darüber freue, dass wir an diesem Abend zusammengekommen sind. Ich habe euch nämlich ein Geheimnis mitzuteilen, eines, über das ich euch bitte zu schweigen, wenn ihr mein Haus später verlasst. Mein Sohn Marcus hat aus dem fernen Germanien eine Frau mitgebracht, die bei ihrem Stamm wie eine Göttin verehrt wird.«

Alle Blicke richteten sich auf Veleda, die bisher, bis auf wenige Sätze mit mir, schweigend an dem Mahl teilgenommen hatte. Nun fühlte sie die neugierigen und zugleich erstaunten Blicke der Menschen auf sich. Eine Göttin der Barbaren sollte dieses Mädchen dort sein? War der Hausherr von Sinnen?

»Ich merke an euren Mienen, wie überrascht ihr über meine Worte seid. Aber ich erzähle keineswegs die Unwahrheit. Dieses Mädchen dort drü-

ben«, er zeigte auf meine Gefangene, »ist Veleda,
aus dem Stamm der Brukterer. Mein Sohn hat mir
erzählt, dass der Name Veleda so viel wie Seherin
bedeutet. Niemand anders ist es gewesen, die den
Untergang unserer Legionen im Aufruhr der Bataver vor einigen Jahren vorausgesagt hat.«

Nun machte sich bewunderndes Gemurmel im
Raum breit. Von dieser Prophezeiung hatten sie
alle sogar in Pompeji gehört. Und als sie sich dann
bewahrheitete, war das Erstaunen damals noch
größer gewesen. Und nun hielt sich diese berühmte
Seherin in Pompeji auf und lag sogar mit ihnen
beim Gastmahl im Hause ihres besten Freundes
Marcus Sempronus? Was für eine Überraschung!
Selbst dem so skeptischen Flavius Nepos schien es
fürs Erste die Sprache verschlagen zu haben.

»Liebe Freunde«, fuhr mein Vater in seiner Rede
fort, nachdem sich die erste Aufregung im Raum
gelegt hatte, »ich habe Veleda heute Abend nur
aus einem einzigen Grund zu uns eingeladen. Einige von euch werden ihn sicherlich schon erraten
haben?«

Glaucus Trebius nickte und seine grauen Augen
glänzten feucht.

»Ich habe Veleda gebeten uns zu sagen, was mit
Pompeji geschehen wird, wenn die Beben weiter
anhalten. Allerdings bleibt es ihre Entscheidung,
ob sie zu uns sprechen will.«

Ich blickte zu Veleda hinüber. Würde sie dem
Wunsch meines Vaters nachkommen? Nach längerem Zögern hatte sie sich immerhin bereit erklärt
dieser Gesellschaft beizuwohnen. War das, was in

den letzten Tagen geschehen war, für sie Grund genug, uns Römern zu trauen und uns die Zukunft vorherzusagen?

Während die Übrigen noch erwartungsvoll schwiegen, schien Flavius Nepos sich wieder gefangen zu haben. »Ich weiß nicht, was ich davon halten soll. Wird diese Seherin uns nicht schon allein deshalb Schreckliches voraussagen, weil wir ihre Feinde sind? Warum sollten wir den Worten einer Gefangenen trauen?«

Noch bevor mein Vater etwas darauf erwidern konnte, beantwortete Veleda selbst die nicht ganz unberechtigte Frage. Ihre Stimme war leise, doch es lag eine große Ruhe darin: »Weil eine Seherin der Brukterer nicht den Menschen, sondern den Göttern verpflichtet ist. Nicht ich sehe, sondern Wodan lässt mich durch ihn sehen, was bestimmt ist. Was ich selbst denke und fühle, spielt dabei keine Rolle. Stünde euch Glück ins Haus, so würde ich es sagen, ebenso Unglück – selbst wenn ihr mich dafür töten würdet.«

Flavius Nepos schien beeindruckt, denn er entgegnete nichts darauf. Vielleicht hatte ihn aber auch nur überrascht, wie gut diese Barbarin die lateinische Sprache beherrschte.

»Und ich sage euch noch etwas, Römer!«, fuhr Veleda fort. »Ich hatte einmal gelobt ausschließlich den Germanen zu weissagen. Wenn ich dies heute für euch Römer tue, dann nur aus dem einen Grund, weil ihr mich gut behandelt. Ich fühle mich sicher im Hause von Marcus Sempronus. Germanen gehen mit ihren Feinden, ganz gleich ob Mann oder Frau, wenn sie ihnen in die Hände fallen, nicht gerade zimperlich um. So hättet ihr mich auch töten oder foltern können. Dass ihr es nicht getan habt, dafür schulde ich euch Dank. Deshalb werde ich für euch mit Hilfe der Götter die Zukunft enthüllen! Aber ich sage euch, es liegt allein bei diesen Mächten, ob sie mich dies tun lassen oder nicht.«

»Es kommt mir beinahe wie ein Wunder vor«, flüsterte Antonia, die Ehefrau des Architekten. »Ich kann gar nicht sagen, wie überrascht ich bin, was für einen besonderen Gast du bei dir im Hause hast, Marcus Sempronus. Und wir dürfen deine Gäste sein. Isis schenke dir dafür ein langes Leben!«

»Danke, Antonia!«, erwiderte mein Vater leise.

»Ist sie nun jemand, der die Sterne deutet, oder ist sie gar eine Zauberin?«, wandte sich der junge Ädil Cornelius Gracchus nun an mich.

»Nein! Weder das eine noch das andere«, versuchte ich zu erklären. »Veleda gleicht wohl am ehesten noch Kassandra, deren warnende Worte, dass Troja dem Untergang geweiht sei, allerdings auf taube Ohren stießen, wie wir bei Homer lesen.«

»Isis sei Dank werden wir ja auch nicht belagert wie einst die Menschen in Troja«, scherzte Flavius und fuhr mit Blick auf Glaucus fort: »Ich bleibe skeptisch, was ihre Sehergabe angeht. Sie mag allemal besser sein als die unserer voll gefressenen Auguren, aber ich will mich nicht an den Gedanken gewöhnen, dass die Götter tatsächlich durch dieses Mädchen zu uns sprechen sollen.«

Da mischte sich mein Vater in die Diskussion: »Ob Skepsis angebracht ist oder ob hier tatsächlich die Götter am Werke sind, möge jeder von euch selbst entscheiden, meine lieben Freunde. Lasst uns aber zunächst hören, was Veleda uns mitzuteilen hat. Und damit niemand behauptet, ich hätte vorab etwas mit ihr abgesprochen, möge der kritischste Geist unter uns sie befragen.«

Er richtete seinen Blick auf Flavius. Der Präfekt verschluckte sich beinahe vor Überraschung und rief aus: »Was? Ausgerechnet ich soll an die germanische Seherin eine Frage richten? Ist das dein Ernst, Marcus?«

»Bei Isis, so meine ich es, Flavius!«

»Nun gut.« Er räusperte sich und wir alle merkten ihm an, wie angestrengt er überlegte, was er fragen sollte. Aber dann schien er sich etwas zurechtgelegt zu haben. Er fuhr sich mit der Zunge über die trockenen Lippen, blickte zu Veleda hinüber, räusperte sich erneut und fragte: »Wohin werden uns die Beben führen, Veleda? Was siehst du für Pompeji voraus?«

Sogleich schien mir, als würde Veleda in sich versinken und ihre Umgebung nicht mehr wahrnehmen. Sie hatte gehört, was Flavius von ihr wissen wollte. Die ganze Zeit vorher hatte sie mit ihrem Talisman, dem Eulenschädel, gespielt. Nun war sie in eine Art Trance versunken, wie man sie von ägyptischen Zauberpriestern kannte.

Dann plötzlich weiteten sich ihre Augen. Sie schien Schreckliches zu sehen, denn ihre Züge waren angstverzerrt. »Wehe, wehe Pompeji! Der

Himmel über dir ist so schwarz wie die Nacht. Ich sehe nichts als Rauch und Asche, Feuer und flüssige Erde, die Menschen, Tiere und Häuser unter sich begräbt. Alles versinkt, auch der große Tempel der Isis. Die Menschen werden zerschmettert von gewaltigen Steinbrocken, die der Berg auf sie herabschleudert. Ich höre wimmernde Kinder, sehe, dass Männer wie erstarrt auf das Unglück um sie her blicken. Frauen weinen und alle in der Stadt sind so hilflos wie Neugeborene. Keinen Schutz gibt es vor der glühenden Asche, die auf alles niederfällt wie schwarzer Schnee. Nicht einmal wegzulaufen bringt Rettung. Pompeji versinkt und wird nie wieder auferstehen!«

Kaum hatte Veleda geendet, hob sie sich von ihrer Kline und eilte in den Garten hinaus. Alle im Sommertriklinium waren entsetzt über das Gehörte. Nur mein Vater wiegte nachdenklich seinen Kopf. Offensichtlich war er bereits dabei, einen Plan zu fassen.

»Wir sind ihre Feinde, vergesst das nicht«, warnte Flavius. »Ich traue ihr nicht.«

»Wenn Pompeji untergeht, gibt es keine Götter mehr«, sagte Antonia.

Und meine Mutter Laetitia gab ihr Recht. »Wenn es soweit kommen sollte, dann haben wir alle der Isis vergeblich geopfert.«

»Ich brauche Wein!«, bat Glaucus mit brüchiger Stimme.

Mein Vater winkte Sklaven herbei, die den Gästen warmes Gebäck reichten und ihre schweren Weinpokale wieder auffüllten.

»Später werden wir zusammen mit Veleda über ihre Prophezeiung reden. Wir hier im Raum sind Männer und Frauen mit genug Erfahrung um zu beurteilen, ob uns jemand belügt oder nicht. Ich denke, erst danach sollten wir entscheiden, was zu tun ist.«

Das ist mein Vater, wie ich ihn kenne, dachte ich bewundernd. Ein Stoiker, der bei allem, was ihm zustößt, stets Ruhe und Geduld bewahrt.

Ich erhob mich um nach Veleda zu suchen. Ich fand sie schließlich im Perystil, wo sie an einer Säule lehnte und in Gedanken versunken zur Göttin Luna hinaufschaute, die die Germanen Manis helle Scheibe nennen.

»Du hast uns allen einen großen Schrecken eingejagt, Veleda«, sprach ich sie mit sanfter Stimme an.

Offensichtlich riss ich sie aus einem Traum heraus, wie man ihn auch am Tage bei geöffneten Augen haben kann. Ihre braunen Augen fixierten mich kurz. Dann flüsterte sie: »Wie sehr schmerzt es mich, immer wieder nur Tod und Unglück der Menschen zu sehen. Die meiste Zeit meines Lebens als Seherin haben mich die Götter nur Untergang und Zerfall prophezeien lassen, so als gehörte dies zu jedem Volk wie die Dornen zur Rose oder die geballte Faust zur Hand.«

»Diese kann aber auch streicheln und liebkosen«, wandte ich ein. Dabei ergriff ich ihre Hände, die sich kalt anfühlten und leicht zitterten.

»Du musst mir vertrauen, Marcus Sempronus. Das mag in deinen Ohren seltsam klingen, weil ich

248

doch deine Gefangene bin, aber ich sage die Wahrheit: Pompeji schwebt in allergrößter Gefahr.«

»Wann, denkst du, wird die Katastrophe losbrechen?«

Sie zuckte die Achseln.

»Morgen, vielleicht nächste Woche, ich weiß es nicht! Aber ich spüre tief in mir, dass wir alle vom Tod bedroht werden.«

»Willst du nicht wieder zu uns hereinkommen und es den anderen erklären?«, fragte ich.

Sie schüttelte heftig den Kopf.

»Nein, Marcus Sempronus. Es ist nicht an mir, die Sprüche der Götter zu erklären. Ich kann nur verkünden, was ich vernommen habe. Den Warnungen der Götter Folge zu leisten aber ist die Entscheidung eines jeden Einzelnen.« Sie wandte sich ab. »Ich möchte allein sein. Am liebsten würde ich mich jetzt zu Bett begeben.«

»In deinem Turm bist du immer allein gewesen. Hier in Pompeji brauchst du nicht mehr allein zu sein.«

Ihr Gesicht wurde auf einmal sehr traurig.

»Ich habe so lange in meinem Turm gewohnt, dass ich anfange ihn zu vermissen. Weißt du, Marcus, ich glaube, ich habe es immer geliebt, nur für mich dort zu sein, wo mich keiner sehen konnte. Vielleicht ist das die beste Voraussetzung für eine Veleda, die so viel Unglück mit ansehen muss?«

Ich wusste nicht, was ich ihr darauf erwidern sollte. Sie schien über vieles sehr besorgt zu sein.

»Wirst du mir morgen erzählen, wie es mit dir weiterging?«

Sie nickte langsam.

»Ich werde meine Geschichte sicherlich zu Ende bringen, bevor du mich dem Kaiser in Rom überstellst. Das verspreche ich dir. Aber jetzt, gute Nacht, Marcus.«

Wir verabschiedeten uns und ich ließ mich dazu hinreißen, ihre linke Wange kurz mit meinen Lippen zu berühren. Erstaunt wich sie vor mir zurück.

»Ich werde immer nur den Göttern gehören, Marcus. Das habe ich gelobt und das werde ich auch bis zu meinem letzten Atemzug halten.«

Damit huschte sie aus dem Schatten der Säule heraus und eilte in ihr Schlafgemach.

Vom Sommertriklinium drangen aufgeregte Stimmen zu mir herüber. Der Präfekt, der Architekt und mein Vater waren in ein hitziges Gespräch über Veledas Prophezeiung verwickelt. Flavius Nepos forderte, dass die Germanin unverzüglich zum Kaiser gebracht werden müsse. Sie stelle eine Gefahr für die römische Welt dar. Glaucus Trebius gab zu bedenken, dass auch das Orakel der Isis vor dem gewarnt habe, was noch kommen werde.

Ruhe bewahrte vor allem mein Vater. Er wolle Pompeji so bald wie möglich mit seiner Familie den Rücken kehren, meinte er.

»Ich vertraue Veleda, als ob sie die Sibylle von Cumae wäre.« Die zwei anderen scholten ihn deswegen einen Narren, aber das beeindruckte Marcus Sempronus nicht.

Eine weise Entscheidung

Am nächsten Tag trafen wir uns im Innenhof unseres Hauses wieder. Uns blieb nur noch wenig gemeinsame Zeit und ich fieberte danach, von der Seherin zu hören, wie es mit ihr, den Aufständischen, aber auch mit Julius Civilis weitergegangen war.

Veleda nickte, sammelte sich kurz und griff dann mühelos den Faden vom Vortag wieder auf, als habe sie längst vergessen, dass ihre Prophezeiung unser aller Leben von Grund auf verändern würde.

Der Bataver hatte uns alle sehr neugierig gemacht, wie es den Männern im Kampf um Vetera weiter ergangen war. So hatten sich alle am nächsten Tag wieder eingefunden. Niemand wollte die Geschichte von der Eroberung des verhassten Römerkastells versäumen. Gandulf wollte eben anfangen zu erzählen, welch verheerende Schäden die großen Steinwurfmaschinen beim Gegner angerichtet hatten, als plötzlich am Dorfeingang Aufregung entstand. Von meinem erhöhten Platz aus konnte ich beobachten, wie ein Trupp bewaffneter Germanen sich uns näherte. Es waren Bataver, wie ich ihrer Bekleidung und ihrer Haartracht entnahm. In ihrer Mitte führten sie einen Römer mit sich, der außer einer schmutzigen Tunika, einem fleckigen roten Umhang und staubigen Soldatenstiefeln keinerlei Waffen oder Rangabzeichen trug. Seine Hände waren mit Stricken gebunden. Es handelte sich offenbar um einen Gefangenen, den man zu mir bringen wollte. Sollte dies etwa der Legat Lupercus sein? Das würde bedeuten, dass ... In diesem Moment erreichte die Gruppe die Dorfmitte. Es folgte eine freudige Begrüßung, wobei ein hoch gewachsener Bataver den gefangenen Römer mit einem derben Stoß in den Rücken auf meinen Sitz zutaumeln ließ. Der Mann brach zusammen und kniete nun unfreiwillig im Staub vor mir. Sosehr er sich auch bemühte, er kam nicht wieder auf die Beine. Er schien völlig erschöpft zu sein.

Der Bataver brüllte mit lauter Stimme: »Ich bin Julius Maximus, Reiterführer der Bataver. Seht, das dort ist der ehemalige Kommandant von Vetera, Munius Lupercus. So wie er jetzt ohnmächtig im Staube liegt, so liegt auch sein Kastell im Staub. Wir haben es erobert und vernichtet. Tausende von Römern sind im Kampf gefallen. Julius Civilis, der Liebling der Götter, schickt, wie er es versprochen hat, den elenden Lupercus als Geschenk zu Veleda. Sie kann mit ihm tun, was sie für richtig hält. Aber es ist klar, dass dieser Hund nichts anderes als den Tod verdient hat.«

Brüllender Jubel scholl ihm entgegen. Brukterer wie Bataver waren sich eins mit dem, was Civilis' kampferfahrener Reiterführer forderte, und sie waren zugleich vereint in dem Sieg über den verhassten Feind.

Notgar, der Priester, richtete sogleich das Wort an mich. »Veleda, große Seherin, teile uns mit, was wir mit Lupercus machen sollen. Er ist unser Feind. Er hat nicht nur den tapferen Catumer, sondern viele weitere von uns auf dem Gewissen. Er hat Kriegszüge gegen germanische Dörfer geführt. Er hat Frauen und Kinder gefoltert. Er hat unsere Götter gelästert und er hat auch dich verspottet, Veleda, und schon dafür allein muss er aufs Schlimmste bestraft werden.«

Ich schwieg zunächst und hörte mir regungslos an, was man von mir erwartete. Lupercus dem Tod zu überantworten schien sicherlich die richtige Entscheidung zu sein. Ihn laufen zu lassen würde bedeuten, dass er bei der ersten sich bietenden Gelegenheit mit seinen Kohorten ins Land der Brukterer gerückt wäre um unsere Dörfer niederzubrennen.

Ich schaute dem Mann, der nun unmittelbar unterhalb meines Podestes lag, in die Augen und fand dort nichts als Hass. Er würde sich für diese Schmach ein Leben lang rächen wollen. Ihn töten zu lassen schien ratsam, doch ich zögerte.

»Bringt mich zurück zu meinem Turm. Ich will die Götter befragen, was wir mit dem Legaten tun sollen«, erklärte ich.

Niemand widersprach, aber mir entging nicht, dass sich Notgar stirnrunzelnd zu fragen schien, was ich vorhatte. Gab es für diesen Mann eine andere Lösung als die Hinrichtung?

Mein Gesicht drückte Entschlossenheit aus und so leisteten sie meiner Aufforderung augenblicklich Folge. Lupercus selbst sagte kein Wort, allerdings verzerrte sich sein Gesicht zu einer hässlichen Fratze, als ich an ihm vorbeigetragen wurde.

In meinen Turm zurückgekehrt, kochte ich mir aus frischen Kräutern, die mir die Priesterinnen des Donar aus ihrem Hain mitgebracht hatten, einen starken Tee. Dann setzte ich mich damit vor meinen Kamin, in dem ein kleines Feuer schwelte. Die kaum fingergroßen Flammen fesselten meinen Blick, so dass ich allmählich innerlich ruhig wurde. Aber plötzlich zuckte ich jäh zusammen. Vor meinem geistigen Auge fuhr wieder krachend jener rötliche Blitz vom Himmel zur Erde, den ich einst beim Besuch von Aulus Vitellius gesehen hatte und der Schlimmes angekündigt hatte. Doch was sollte uns noch Schlimmes widerfahren, jetzt, nachdem wir Vetera dem Erdboden gleichgemacht und die 15. Legion vernichtet hatten? Ich hoffte auf einen Hinweis der Götter. Da kam mir eine Fabel in den Sinn, die mir Waluburg vor langem einmal erzählt hatte:

Ein Falke verfolgt eine Wildtaube, die seinen scharfen Fängen nur mit Mühe ausweichen kann. In höchster Not gelingt es ihr, in einer alten verlassenen Hütte einen sicheren Unterschlupf zu finden. Das Loch, durch das sie hat hineinschlüpfen können, ist für den Falken zu groß. So bleibt er draußen und hofft auf eine günstige Gelegenheit, sein Opfer schon bald erwischen zu können. Aber er wartet vergeblich.

In der Hütte wohnen jedoch Fledermäuse, die zwar ebenfalls in Angst vor den Krallen und dem scharfen Schnabel des Falken leben, ihre alte Hütte aber mit niemandem sonst teilen wollen. Um die Taube wieder loszuwerden entschließen sie sich dem Falken einen Hinweis zu geben.

Eine der Fledermäuse fliegt also nachts zu dem Raubvogel und verrät ihm, dass es am anderen Ende der Hütte ein größeres Loch gäbe, durch das er hereinkommen könne um sich die Taube zu schnappen. Die Fledermäuse würden ihm das nur verraten, damit er sie künftig in Ruhe ließe.

Und so konnte der Falke durch den feigen Verrat der Fledermäuse die Taube schlagen.

Warum war mir diese Geschichte gerade jetzt wieder eingefallen? Hatte Tamfana sie mich erinnern lassen um mich auf die richtige Spur zu bringen? War Civilis die Taube und die Römer der übermächtige Greifvogel? Was aber hatte das mit meiner Entscheidung zu tun, ob ich Lupercus am Leben lassen sollte oder nicht? Und Julius Civilis? Würde ihn etwa ein Verrat durch seine eigenen Leute in Gefahr bringen? Ich wusste es nicht, aber ich spürte, dass ich Manius Lupercus nicht zur Todesgöttin Hel schicken sollte. Ihn aber frei ziehen zu lassen bedeutete ungeheure Gefahr für meinen Stamm. Lupercus gierte danach, sich zu rächen.

Einmal mehr flehte ich die verstorbene Waluburg an mir einen Traum zu schicken, der mir
die Augen öffnen würde.

So legte ich mich an diesem Abend schon
früh auf mein Lager und überließ mich meinem
Schlaf. Was ich dabei träumte, kann ich heute
nicht mehr sagen. Nur eines stand mir am anderen Morgen, als mich Sunnas heller Wagen auf-
weckte, klar vor Augen: Der Römer durfte nicht
den Göttern geopfert werden. Mehr noch! Er
sollte frei das Dorf verlassen dürfen.

Sie ließen ihn gehen, obwohl Notgar mich an-
sah, als ob ich nicht mehr recht bei Sinnen
wäre. Sie lösten seine Fesseln und niemand von
den Kriegern redete auch nur ein einziges Wort
dabei. Es herrschte Totenstille in meinem Dorf.
Auch Munius Lupercus blieb stumm. Aber der
Blick, den er mir zuwarf, bevor er aus dem Dorf
hoch erhobenen Hauptes hinausschritt, sagte
mir alles: Ich komme wieder, Veleda, aber dann
mit vielen Schwertern!

An diesem Tag beäugte mich mein Vater
Mälo zum ersten Mal, seit ich Priesterin und
Seherin des Stammes geworden war, voller
Misstrauen. Vermutlich ging ihm sogar durch
den Sinn, ob ich nicht plötzlich eine Freundin
der Römer geworden sei. Auch Mälo war nicht
so blind anzunehmen, dass uns der Legat aus
Dankbarkeit über seine Freilassung noch Ge-
schenke schicken werde. Lupercus würde mit
Soldaten zurückkehren.

»Wir werden uns vorsehen müssen, Veleda!«, rief Mälo mir zu. Seine Stimme klang bedrückt. Meine Entscheidung hatte niemandem gefallen können. Die Männer hätten sich ihr nie widersetzt, aber ich erkannte, dass sie darüber verunsichert waren, ob ich wirklich wusste, was ich tat. Das Schlimme für mich war, dass ich das selbst nicht genau wusste. Mir blieb nichts anderes übrig als abzuwarten.

Von Vetera hörten wir lange Zeit nichts Neues. Die Bataver, die zusammen mit uns gefeiert hatten, waren längst an den Rhein zurückgekehrt. Die Stämme befanden sich in dem festen Glauben, die Römer besiegt zu haben. Aber dem war nicht so. In Rom wurde Vespasian neuer Kaiser. Er entsandte einen Mann nach Germanien, der, außer dem Vorzug, mit dem Kaiser verwandt zu sein, zum einen ein kluger Kopf, zum anderen ein ausgezeichneter Soldat war: Quintus Petillius Cerialis. Cerialis eroberte als Erstes die Stadt der Ubier (Köln) wieder zurück und nahm die Frau und die Schwester von Julius Civilis als Geiseln.

Der sonst so stolze und starke Bataver soll geweint haben, als er davon erfuhr. Aber zum Trauern blieb ihm nicht viel Zeit. Cerialis rückte mit vielen Soldaten gegen Vetera vor um sich im offenen Kampf mit Civilis zu messen. Der Bataver aber zog sich in nahe Sumpfgebiete zurück, wohin ihm die Legionäre nicht folgen wollten. Sie hatten Angst, mit ihrer schweren Ausrüstung im Morast zu versinken. Julius Civilis verteidigte sich gut. Cerialis muss häufig genug laut geflucht haben, weil der Bataver ihm immer um eine Nasenlänge voraus war.

Aber dann kam ihm ein Tenkterer zu Hilfe. Er verriet dem Römer, wie man sich den Batavern auf einem geheimen Weg sicher nähern könnte. Dieser Tenkterer hatte noch kurz zuvor zu Civilis gehalten, aber jetzt versprach er sich von den Römern belohnt zu werden, wenn er den Bataverfürst verriet. Cerialis rückte Civilis mit dreimal mehr Soldaten auf den Leib, als dieser selbst besaß. Nur mit knapper Not konnten sich Julius Civilis und einige wenige Bataver retten. Viele hatten ihr Leben lassen müssen. Und der Römer Cerialis machte etwas Seltsames: Er verfolgte den flüchtenden Julius Civilis nicht, sondern ließ ihn entkommen.

Als mir das zugetragen wurde, reagierte ich sofort. »Schickt mir Runhold. Ich will ihm eine wichtige Botschaft für Petillius Cerialis mitgeben!«

Mein Bruder war jedoch mit anderen Männer in den Wald gegangen um dort zu jagen. So ließ er sich erst Stunden später bei mir am Turm blicken. Was für ein starker und schöner Mann er doch geworden ist, dachte ich. Aber so wie früher entdeckte ich auch jetzt in seinen Augen den Hang zum Gefährlichen, den waghalsigen Mut, der schon oft Männer ins Verderben gestürzt hat. Noch immer glaubte Runhold, selbst die Götter herausfordern zu können.

»Nimm dein bestes Pferd und suche den Römer Cerialis in Vetera auf.«

»Du meinst das, was von dem Kastell noch übrig geblieben ist«, bemerkte er spöttisch.

Ich ging nicht darauf ein.

»Hör gut zu, was du ihm von mir ausrichten sollst. Teile ihm mit, dass ich den Legaten Munius Lupercus nicht den Göttern als Opfer überantwortet habe, sondern ihm die Freiheit schenkte. Nun hoffe ich, dass Quintus Petillius Cerialis ebenso großzügig ist und Frau und Schwester des Julius Civilis nicht länger als Geiseln hält.«

»Wäre es nicht besser, Veleda, wenn ich diesem Römer mein Messer ins Herz stieße, sobald ich dazu Gelegenheit habe?«

»Dann wird Wodan dich strafen«, kündigte ich an, »und es gibt Strafen, Runhold, die sind weitaus schlimmer als der Tod.«

Es war nötig, ihn einzuschüchtern oder es mindestens zu versuchen.

»Pah! Was könnte mich schon schrecken?«

»Beispielsweise den Rest deines Lebens gelähmt auf dem Strohlager zu verbringen und demütig auf den Tod warten zu müssen!«

Das wirkte! Runhold wechselte augenblicklich die Farbe. »A-a-a-ber d-d-d-darum wür-wür-würdest du die Götter doch nicht bitten, Schwester, oder?«, brachte er stotternd hervor.

»Sei dir dessen nicht so sicher, Runhold. Es geht jetzt darum, weiteres Blutvergießen zu vermeiden. Reite deshalb wie der Sturmwind zu diesem Römer und überbringe ihm meine Botschaft.«

»Ich gehorche, Veleda!«, antwortete Runhold. Dann eilte er davon. Wie hatte er mich noch gerufen? Schwester? Wann hatte ich das zuletzt aus seinem Munde gehört? Also war ich ihm als Seherin doch nicht in solche Fernen gerückt, dass er unsere Blutsbande jemals hätte vergessen können. Ich bat Tamfana inständig darum, sein Blut in den nächsten Tagen zu kühlen, damit der Hitzkopf nicht doch noch einen großen Fehler beging.

Runhold berichtete mir Wochen später, was geschehen war. In großer Eile war er durch die Niederungen des Bruktererlandes nach Westen geritten. Er hielt die Römer für ahnungslose Tölpel, die ihn nicht einmal bemerken würden. Ursprünglich hatte er deshalb geplant sich unbemerkt bis zum Lager des Kommandanten Cerialis zu schleichen, vielleicht sogar bis zu dessen Zelteingang um die Unachtsamkeit römischer Wachen zu demonstrieren.

Aber es kam anders. Schon weit vor Vetera wurde er von einer römischen Kohorte aufgegriffen. Zähneknirschend ließ sich Runhold gefangen nehmen und dem Kohortenführer vorführen. Dort erklärte er in meinem Auftrag unterwegs zu sein. Er müsse unbedingt zu Cerialis gebracht werden.

»Der wird gerade Zeit für dich haben, elender Brukterer!«, wurde ihm barsch erwidert.

»Er wird, denn Veleda ist meine Schwester!«

Das half. Der römische Kohortenführer bekam große Angst und befahl, Runhold unverzüglich nach Vetera zum Kommandanten zu bringen. Das Kastell lag noch eine halbe Tagesreise entfernt.

Auf dem Weg dorthin kam es zu einem Zwischenfall: Vor einer Schlange, die über den Weg gekrochen war, scheute ein Pferd und sprang die Böschung zum Moor hinunter. Der Reiter war wie gelähmt und musste hilflos mit ansehen, dass alle Bemühungen des Pferdes, sich aus dem Morast zu befreien, vergeblich waren. Reiter und Pferd sanken tiefer und tiefer ein; schon bald steckte das Pferd bis zur Brust und zur Flanke im tückischen Sumpf. Der Reiter schrie laut um Hilfe, aber niemand reagierte. Da sprang Runhold mit einem Satz vom Rücken seines Pferdes die Böschung hinunter. Vom Rand des Sumpfes aus hielt er dem Römer einen langen Ast entgegen, an dem dieser sich festhalten konnte. Auf diese Weise zog ihn Runhold aus dem Sumpf heraus, bis er wieder festen Boden unter den Füßen hatte. Sein Pferd aber konnte nicht gerettet werden. Es versank und alle mussten seinen Todeskampf tatenlos mit ansehen.

Runholds Hände waren zuvor gefesselt gewesen, aber er hatte sich schon während des Ritts geschickt davon befreien können. Die Riemen hatten zuletzt nur locker über seinen Händen gelegen, weshalb niemand Verdacht schöpfte.

Nachdem er dem Römer das Leben gerettet hatte, wollte ihn ein Soldat wieder ans Pferd binden, aber der Gerettete wies ihn an das zu unterlassen.

»Ich schulde ihm mehr als nur Dank. Er soll frei seinen Weg bis zum Lager fortsetzen dürfen!«

So gelangte mein Bruder zum römischen Kommandanten nach Vetera.

Quintus Petillius Cerialis betrachtete Runhold lange Zeit schweigend. Cerialis war klein von Statur, seine dunklen Augen drückten höchste Aufmerksamkeit aus. Er war ein kluger Feldherr, der sich niemals hitzköpfig in eine Schlacht stürzen würde. Warum nur hatte er Civilis ungeschoren davonkommen lassen?, überlegte Runhold, während er Cerialis' prüfende Blicke über sich ergehen ließ.

Cerialis trug eine Tunika, einen roten Schulterumhang und einen Brustpanzer. In seinem Gürtel steckte ein Schwert in einer mit roten, grünen und hellen Edelsteinen verzierten Scheide: ein Geschenk Vespasians an seinen besten Soldaten.

Nach einer Weile forderte Cerialis meinen Bruder auf sich doch zu setzen, was diesen verwunderte, weil diese Geste ihm verdeutlichte hier nicht als sein Gefangener zu stehen.

»Du behauptest Veledas Bruder zu sein?«, begann der Römer vorsichtig.

»Ja, das ist richtig.«

»Kannst du das auch beweisen?«

»Ich überbringe dir eine wichtige Botschaft der Veleda. Sie hat dem Legaten Lupercus das Leben geschenkt und erwartet nun von dir, dass du Schwester und Frau des Civilis auf freien Fuß setzt.«

Cerialis blieb wie versteinert.

»So! Veleda will also den Legaten nicht ihren Göttern geopfert haben, sondern ließ ihn ziehen? Lupercus stellt das ganz anders dar. Er habe einige von denen, die ihn bewachten, niedergeschlagen und sei anschließend geflohen. Er fordert von mir gegen euer Dorf vorzurücken und es für immer auszulöschen.«

Runhold wurde den Gedanken nicht los, dass es ein großer Fehler gewesen war herzukommen.

»Lupercus lügt. Es gibt Zeugen dafür, wie es wirklich gewesen ist«, verteidigte er sich. »Aber vermutlich wirst du einem Germanen nicht glauben wollen, Römer, oder täusche ich mich?«

»Kann ich euch denn trauen, Brukterer?«

»Das Wort eines Mannes gilt, auch seinem ärgsten Feind gegenüber!«

»Und wenn ich nun Veleda aufsuchen wollte um mit ihr zu sprechen, würdest du mir dein Wort geben, dass ich dies gefahrlos unternehmen könnte?«

Runholds Augen weiteten sich vor Überraschung. »Du willst mit Veleda reden, Cerialis?«

»Ich habe dich etwas gefragt, Brukterer!«

»Du hast mein Wort, dass dir nichts geschieht, aber du musst der Seherin unbewaffnet gegenübertreten.«

»Das werde ich, Brukterer! Erst wenn ich mit der Veleda geredet habe, werde ich entscheiden, wie es mit Civilis' Frau und Schwester weitergeht.«

Er machte eine Handbewegung und sofort trug ein Sklave einen Krug mit Wein ins Zelt herein.

»Lass uns etwas trinken, Germane, und dabei wirst du mir erzählen, warum du einen Römer, der doch, wie du sagst, dein Feind ist, aus dem Sumpf rettest.«

Runhold war von Cerialis tief beeindruckt. So hatte er noch keinen Römer erlebt. Die Ruhe des Kommandanten schien unerschütterlich. Er würde ihn zu Veleda bringen, kostete es ihn auch das Leben, schwor er sich und griff nach dem mit Wein gefüllten Becher.

Was Runhold so sehr an Cerialis bewunderte, war, dass dieser Römer keinerlei Furcht zu kennen schien. Mit nur einer einzigen Kohorte begab er sich in feindliches Bruktererland um weit außerhalb des Dorfes der Bärensippe mit gerade einmal zehn Legionären weiterzuziehen. Die restlichen Soldaten wies er an bis zu seiner Rückkehr bewaffnete Zusammenstöße mit Germanen zu vermeiden.

So erreichten Runhold und Cerialis mit seinen Männern das Dorf an der Lippe, wo ihn Mälo schon argwöhnisch erwartete. Seine

Kundschafter hatten ihm längst von dem ungewöhnlichen Besuch, der auf ihn zukam, berichtet.

»Dein Sohn Runhold hat dem Römer sein Wort gegeben, dass ihm nichts geschieht«, wurde ihm mitgeteilt.

»Was Runhold verspricht, werde auch ich halten!«, versicherte Mälo so laut, dass es ein jeder, der vorbeiging, hören konnte.

Mir wurde zugetragen, dass Cerialis beschlossen hatte mich aufzusuchen. Es kam mir mehr als gelegen: Insgeheim hatte ich sogar erhofft, dass der Römer zu meinem Turm kommen würde. Längst hatte ich mir einen Plan zurechtgelegt, für den ich den Kommandanten gewinnen wollte.

Unsere Begegnung verlief völlig anders als die mit Vitellius. Quintus Petillius Cerialis war von seinem Temperament und seiner Klugheit her ein ebenbürtiger Gegner für Julius Civilis. Die beiden hätten im Geiste und im Herzen durchaus Brüder sein können, so sehr glichen sie sich in ihrer Art, die Dinge zu sehen und sie zu beurteilen.

Ich hatte von vornherein ein ungewöhnlich gutes Gefühl. Cerialis war sehr höflich und keineswegs überheblich. Allerdings machte er deutlich, wer Herr am Rhein sein wollte.

»Ich habe Julius Civilis aus Vetera, das er dem Erdboden gleichgemacht hat, vertrieben. Er hat danach versucht in den Sümpfen der Umgebung einen sicheren Unterschlupf zu finden, von dem aus er weitere Angriffe gegen meine Legionen plante und ausführte. Aber auch von dort habe ich ihn vertreiben können. Ihn zu verfolgen und zu unterwerfen habe ich bislang vermieden.«

»Der Bataverfürst ist in tiefer Trauer darüber, dass du seine Frau und seine geliebte Schwester als Geisel in der Stadt der Ubier gefangen hältst«, erwiderte ich.

»Julius Civilis ist ein ausgezeichneter Soldat, den ich achte. In einem gewissen Rahmen kann ich sogar sein Aufbegehren gegen Rom begreifen. So habe ich unter anderem herausgefunden, dass sein Bruder Claudius Paulus zu Unrecht hingerichtet worden ist.«

Ich war überrascht solche Worte aus dem Mund eines Römers zu vernehmen. Dieser Mann war noch weitaus besser, als ich gehofft hatte.

»Civilis ist stolz. Er wird sich dir nicht ohne weiteres beugen.«

»Und wenn ich nun seine Schwester und seine Frau freilasse, so wie du den Legaten Lupercus ungeschoren hast ziehen lassen?«

Ich lächelte und trat an meinen Eingang. Zum ersten Mal konnte mich der Römer sehen.

»Ich hätte nie gedacht, dass eine Veleda so jung sein kann«, bemerkte er dazu. »Von dem, was ich von dir weiß und was mir über dich zugetragen wurde und ich jetzt selbst erleben darf, hätte ich darauf gewettet, es mit einer weitaus älteren Frau zu tun zu haben.«

Ich erwiderte nichts darauf. Stattdessen knüpfte ich an unser Gespräch wieder an.

»Selbst wenn du ihm seine Frau und die Schwester wieder zurückgibst, wird er sein Gesicht wahren wollen. Schon aus diesem Grunde wird er sich dir ganz sicherlich nicht beugen, Cerialis.«

Der Römer blickte eine Weile stumm zu mir hoch.

»Dann sage du mir, Seherin, was ich ihm anbieten muss, damit er seinen Krieg gegen Rom beendet. Ich will vor allem wieder Ruhe und Frieden in diesem Land. Darum bin ich hergekommen.«

»Wenn dem so ist, Quintus Petillius Cerialis, dann werde ich dir sagen, womit du Julius Civilis für Friedensverhandlungen gewinnst. Aber ich warne dich, denn nur eines kann den Bataver davon überzeugen, dass es dir ernst mit dem Frieden ist. Halbherzigkeiten oder gar Betrug würden alles nur noch verschlimmern.«

»Ich höre, Veleda! Was auch immer es ist, ich werde es dir erfüllen, sofern es in meiner Macht steht.«

Wie du willst, dachte ich entschlossen.

»Dreierlei würde Rom den Frieden in meinem Land sichern, aber ich fürchte, es ist für dich ausgeschlossen, auf diese Forderungen einzugehen. Zum Ersten lasse die Familie des Civilis frei. Zum Zweiten muss Civilis begreifen, dass weder er gesiegt hat noch du, weiterzukämpfen aber töricht wäre, weil es keiner Seite nützen würde. Und drittens, sollte es zu einem Frieden kommen, dann dürfen weder die Bataver, die Brukterer noch ein anderer der Stämme, die am Krieg beteiligt waren, von den Römern im Nachhinein irgendeine Bestrafung zu befürchten haben. Wenn du das Julius Civilis gegenüber glaubhaft versicherst, dann wird er kommen und den Kampf gegen Rom für beendet erklären!«

Schweigen.

»Ich erkenne jetzt, warum die Stämme deinen Rat suchen und dich beinahe zu einer Göttin erhoben haben, die unter den Menschen einhergeht, Veleda. Du hast Rom einen gewaltigen Schrecken mit deiner Prophezeiung eingejagt, dass die Germanen am Rhein die Oberhand bekommen werden. Und sie haben sich erfolgreich gegen uns gewehrt! Das ist bitter für uns! Dennoch sind wir nicht geschlagen! Und aus diesem Grunde ist ausgeschlossen, dass der Kaiser Vespasian anordnet, dass wir uns aus diesem Teil Germaniens wieder zurückziehen. Ausgeschlossen ist ebenfalls, dass wir Kastelle längs des Rheins aufgeben oder Städte für immer verlassen. Ausgeschlossen ist auch, dass wir uns Civilis ergeben. Aber dieser Bataver ist ein guter Soldat. Er hat sich immer zu Vespasian bekannt, der nun Kaiser in Rom geworden ist. Vespasian, das kann ich dir sagen, Veleda, verzichtet auf die Unterwerfung der Aufständischen. Der Kaiser will Frieden und Ruhe am Rhein. So werde ich auf deine drei

Forderungen eingehen, denn sie sind weder töricht noch anmaßend, allerdings ungewöhnlich, weil ein Mädchen sie stellt. Und ich bedarf der Hilfe dieses Mädchens, der Seherin der Germanen. Du musst Civilis davon überzeugen, dass ich es ernst meine. Er wird für das, was er getan hat, nicht bestraft, sondern vom Kaiser begnadigt werden. Lass ihn das wissen, Veleda, und wenn er den Friedensvertrag unterzeichnet, werde ich deinen Namen mit darunter setzen lassen. Du wirst somit Zeugin dieses Vertrages sein.«

In diesem Moment teilte der Wind einige Baumkronen, die eng beisammenstanden, so dass sie eine Gasse bildeten. Da wusste ich, dass alles gut werden würde.

Und so endete der Aufstand der Bataver mit einem gerechten Friedensvertrag, der weder uns beschämte noch die Römer. Diesen herbeizusehnen, dazu hatte mich anderes geleitet als die Warnung des Blitzes, und ich bin davon überzeugt, dass es für die Stämme am Rhein und an der Lippe böse ausgegangen wäre, hätten wir in diesen Vertrag nicht eingewilligt. Auch Julius Civilis wird das so gesehen haben. Runhold hatte ihm meine Botschaft überbracht.

»Ich beuge mich dem Willen der Veleda, aber ich beuge mich niemals dem Willen Roms«, soll er ausgerufen haben.

Eine weise Entscheidung, fürwahr! Aber niemand brauchte sich irgendwem zu beugen, es war eher die Einsicht, dass genug gekämpft worden war, die die Gegner letztlich zusammenführte.

Wie Cerialis es versprochen hatte, bezeugte mein Name den Friedensvertrag mit. Quintus Petillius Cerialis behandelte Civilis nicht wie einen Verbrecher, sondern als ob er der König der Bataver wäre. Frieden und Ruhe kehrten bei uns ein, ja es schien sogar, dass die Römer weniger Druck auf die Stämme am Rhein ausübten als in der Vergangenheit.

Aber ich ahnte nicht, dass es jemanden gab, der sich noch persönlich an mir rächen wollte. Er wartete nur auf seine Gelegenheit, wartete darauf, dass Cerialis nach Rom zum Kaiser gerufen würde und er dann würde zuschlagen können. Heimtückisch war dieser Mann und voller Bosheit. Ich gebe ehrlich zu, dass ich nicht darauf vorbereitet war.

Die Flucht, die zur Rettung wurde

Veledas Geschichte war noch nicht zu Ende, aber mein Vater unterbrach sie, als er plötzlich in den Innenhof trat. Er wollte mit mir noch einige wichtige Dinge besprechen und regeln – gerade im Hinblick auf die drohende Gefahr, in der Pompeji schwebte. So musste ich mich, was die Germanin betraf, noch etwas gedulden. Deshalb erzähle ich, verehrter Tacitus, der Reihe nach und berichte dir, wie es mit meiner Familie weiterging.

Am selben Abend kam die Brukterin noch spät zu uns ins Sommertriklinium. Außer mir hielten sich dort noch meine Geschwister, meine Mutter, der Architekt Glaucus Trebius und mein Vater auf. Veleda war leichenblass.

»Wir sollten Pompeji so bald wie möglich den Rücken kehren. Was mich euch die Götter über eure Stadt weissagen ließen, wird sich schon sehr bald erfüllen. Der Tag, an dem Pompeji versinken wird, ist beinahe so nah, dass ich meine ersticken zu müssen. Wir müssen deshalb rasch von hier fort, sonst kommen wir alle ums Leben.« Ihre Stimme bebte.

Glaucus Trebius verschluckte sich an seinem Wein, als er Veleda so eindringlich reden hörte, und fing vor Aufregung an zu husten. Meine Mutter Laetitia schüttelte abwehrend den Kopf und sagte immer wieder: »Das glaube ich nicht. Nein, das glaube ich nicht. Wenn das Pompeji widerfahren sollte, was du voraussagst, Veleda, dann gibt es keine Götter, nur Chaos und Tod.«

»Müssen wir wirklich von hier fort?«, fragte mein Bruder Claudius. »Bedenkt nur, wie viele Freunde wir hier haben. Sie werden auf das bloße Wort einer Germanin hin niemals mit uns kommen. Sie werden uns auslachen, uns Verblendete nennen.«

»Und ich würde meine Freundin Lucia so sehr vermissen, dass ich ständig in Tränen ausbräche«, gestand Tullia traurig.

Auf einmal redeten alle aufgeregt durcheinander. Meine Schwester Laelia weinte, weil sie ihren zukünftigen Ehemann nicht im Stich lassen wollte.

Mein Vater Marcus Sempronus machte schließlich deutlich, dass er uns seine Entscheidung mitteilen wolle. Er räusperte sich einige Male. Offensichtlich hatte er sich schon lange zu einem Entschluss durchgerungen.

»Kurz und bündig: Wir werden Veledas Warnung befolgen! Schon morgen werden wir Pompeji für immer verlassen.« Und an meine Mutter gewandt sagte er eindringlich: »Laetitia, du kennst mich weitaus besser als unsere Kinder es tun. Du weißt, dass ich in meinem Leben niemals überstürzt gehandelt oder mich bei meinen Entscheidungen auf vage Gefühle gestützt habe. Aber ich spüre, dass uns Veleda nicht belügt. Ich habe es schon einmal gesagt und ich wiederhole es gern ein zweites Mal: Und redeten alle Auguren dieser Stadt davon, dass Pompeji der Vernichtung preisgegeben ist, so würde ich darauf nichts geben. Aber dieser Brukterin, die ich erst seit wenigen Tagen kenne, will ich vertrauen. Was uns angeht, so habe ich bereits alles Notwendige für unseren Weggang von Pompeji geregelt. Wir werden in Rom dank der Hilfe unseres Freundes Gaius Gracchus ein neues Leben anfangen können.«

Meine Mutter wischte sich Tränen aus den Augen und sagte leise: »Dann soll es bei Jupiter so sein, wie du es wünschst, Marcus!«

Glaucus Trebius machte ein sehr unglückliches Gesicht. »Antonia wird niemals von hier fortgehen wollen. Eher lässt sie sich von der glühenden Asche begraben als jene Stadt zu verlassen, in der unser erster Sohn beerdigt wurde.«

Am späten Abend erschütterte ein weiteres Beben Pompeji, das die Menschen erneut aufschreckte. In dem großen Tempel der Isis beteten die Priester anschließend noch ein wenig lauter um den Beistand der mächtigen Göttin. Aber auch sie hätten die Frage, ob Pompeji dem Untergang geweiht ist, entschieden verneint. Die Bildsäule der Göttin würde für immer bestehen, dachten sie.

Mein Vater hatte bereits alles für unseren Weggang geregelt und für unseren Transport zwei vierspännige Wagen bestellt. Auf dem einen brachten unsere Sklaven alles nötige Gepäck unter, wobei wir allerdings einen nicht unerheblichen Teil unseres Besitzes in der Villa zurücklassen mussten, was meine Mutter und meine zwei Schwestern sehr betrübte. Dann stiegen alle Frauen in die mit Verdecken ausgestatteten schweren Reisewagen. Die Männer sollten zu Pferd neben ihnen herreiten.

Als wir unserem Haus schließlich schweren Herzens für immer Lebewohl sagen mussten, kamen überraschend der Architekt mit seiner Frau und der Präfekt Flavius Nepos bei uns vorbei.

»Ich wollte mit eigenen Augen sehen, ob es wahr ist, dass du einer Barbarin mehr glaubst als unseren Priestern«, verhöhnte Nepos meinen Vater.

Der erwiderte nichts darauf, sondern wies die Sklaven an im Hause noch einmal nachzusehen, ob sie auch nichts vergessen hatten.

»Ich bin traurig, wenn meine besten Freunde nicht mehr in unserer Stadt wohnen«, erklärte Glaucus Trebius und seine Frau Antonia schloss sich ihm an.

»Wollt ihr denn nicht noch einmal überlegen, ob ihr das wirklich tun müsst?«, fragte sie mit tränenerstickter Stimme.

»Marcus hat es nun einmal so beschlossen und ich folge ihm, wohin er auch immer gehen will!«, gab meine Mutter beinahe trotzig zur Antwort.

Mein Vater blickte sie kurz an, sagte aber immer noch nichts.

»Ihr solltet unserem Beispiel folgen«, ermahnte ich die drei. »Kein Germane würde sich dem Rat der Veleda widersetzen!«

»Du sagst es, Centurio, kein Germane würde das tun. Wir aber sind Römer«, entgegnete Flavius Nepos spöttisch.

Ich zuckte die Achseln. Jedes weitere Wort wäre verschwendet gewesen. Es war ein sehr trauriger Abschied. Aber dann setzten sich die schweren Wagen langsam in Bewegung. Der Lärm, den die eisenbeschlagenen Räder auf dem Basaltpflaster verursachten, erschien mir auf einmal lauter denn je. Auch meinte ich, dass uns jeder spöttisch nachschaute, dem wir auf unserem Weg zum Herculaneum-Tor begegneten. Alle schienen uns für Narren zu halten, die ihr schönes und kostbares Haus auf das bloße Wort einer Barbarin hin aufgegeben hatten.

Während der ganzen Fahrt über schwieg mein Vater beharrlich. Veleda kauerte zusammengesunken hinten auf dem Wagen und wirkte wie abwesend.

Ich ritt hinten an den Wagen heran, dessen Verdeck offen war, und fragte: »Können wir nicht im benachbarten Herculaneum abwarten, ob deine Prophezeiung eintrifft, Veleda?«

Sie zuckte zusammen und wandte sich mir zu. Ihre Augen blickten mich traurig an. Dann schüttelte sie den Kopf. »Nein, denn auch diese Stadt wird niemals mehr Sunnas Wagen am Himmel vorüberziehen sehen!«

Ich gebe ehrlich zu, verehrter Tacitus, dass ich in diesem Moment dachte, dass uns Veleda mit ihrer Prophezeiung nichts anderes als nacktes Entsetzen einjagen wollte. Aus welchem Grund auch immer! Denn es konnte doch nicht wahr sein, dass zwei blühende Städte für immer ausgelöscht werden sollten. Einen kurzen Moment lang überlegte ich, ob ich nicht meinem Vater von meinem Zweifel erzählen sollte. Aber dann ließ ich es bleiben. Wir hatten uns in Veledas Hand begeben und wir wollten dies bis zum bitteren Ende durchhalten. Außerdem hätte mein Vater die Schmach einer Rückkehr nach Pompeji niemals ertragen.

Als wir uns später am Tag endlich Neapel näherten und die Tore der Stadt vor uns liegen sahen, rief die Seherin auf einmal aus: »Jetzt sind wir in Sicherheit. Dieser Stadt wird nichts geschehen.«

Voller Dankbarkeit blickten wir auf Veleda. Ihre Worte gaben uns Sicherheit, zugleich dachten wir aber voll Sorge an all diejenigen, die in Pompeji zurückgeblieben waren. Würden wir unsere Freunde je wieder sehen?

Auch ich war sehr erleichtert über Veledas Prophezeiung. Dennoch mochte keine rechte Freude in mir aufkommen. Allzu schnell nahte die Stunde des Abschieds von der Germanin, deren Schicksal mir längst nicht mehr gleichgültig war. Bald schon würden wir Rom erreichen. Ich würde Veleda, unsere Retterin, dem Kaiser übergeben müssen und konnte nichts anderes tun als zu hoffen, dass er ihr gegenüber Milde zeigen würde. Ich war fest entschlossen meinen Bericht über sie so positiv wie nur möglich ausfallen zu lassen. Auch würde ich nicht versäumen zu erwähnen, was sie für mich und meine Familie getan hatte.

Doch bevor sich unsere Wege trennten, teilte die Seherin mir noch mit, wie es ihr nach dem Ende des Bataveraufstandes ergangen war. Ich lauschte ihrer Stimme, deren Tonfall ich niemals vergessen werde.

Nach Beendigung des Aufstandes gegen die Römer brachen für meinen Stamm gute Zeiten an. Der Handel, der im Krieg fast zum Erliegen gekommen war, blühte wieder auf und viele Fremde kamen nun in unser Dorf um Gewürze und Dinge aus Eisen oder Ton gegen unsere

Felle einzutauschen. Manchmal besuchten mich auch Römer, die etwas über ihre Zukunft in Erfahrung bringen wollten. Aber meistens suchten mich die Fürsten anderer Stämme auf um mich entweder als Zeugin für Verträge zu gewinnen oder mich zu den Ursachen von Krankheit und Tod in ihrem Gebiet zu befragen. Das galt sowohl für die Menschen ihrer Dörfer als auch für ihre Tiere. Häufig musste ich auch wieder bei Streitigkeiten innerhalb von Familien schlichten helfen. Mein Name wurde weithin gerühmt und die Bärensippe gewann noch mehr Einfluss innerhalb des großen Bruktererstammes. Einige schlugen sogar vor meinen Vater Mälo zum König zu ernennen, wodurch dieser sich sehr geschmeichelt fühlte.

So verging der Winter um im Frühjahr die neue Saat aufgehen zu lassen, die dann der darauf folgende Winter wieder verschlang – der ewige Kreislauf von Werden und Vergehen. Mein Bruder Runhold führte von den Cheruskern ein schönes Mädchen heim in unser Dorf um es zu heiraten – ein Fest, das viele Tage lang ausgiebig gefeiert wurde. Es war friedlich geworden im Lande, nicht einmal die Stämme untereinander lieferten sich ihre sonst üblichen Querelen. So hätte ich in Ehren alt werden können um dereinst in meinem Dorf beerdigt zu werden. Aber es kam anders.

Munius Lupercus hatte es immer noch nicht verwunden, dass ihn die Brukterer einstmals beinahe ihren Göttern geopfert hätten. Er hatte lange auf eine Gelegenheit gewartet, es ihnen heimzuzahlen. Und als Cerialis zum Kaiser nach Rom beordert wurde, witterte er seine Chance, sich endlich zu rächen. Mit zwei Kohorten drang er in unser Gebiet ein und verwüstete mehrere Dörfer. Dabei ging es ihm in der Hauptsache um mich. Er wollte mich lebendig fangen um mich dann später zu bestrafen.

Aber selbst dieses Mal versäumte es meine Lehrerin Waluburg nicht, mir beizustehen. Sie erschien mir im Traum und riet mir, sofort aufzuwachen und wegzugehen. Darüber erwachte ich, und während ich noch rätselte, was der Traum zu bedeuten hatte, vernahm ich plötzlich Waffenlärm, der vom Dorf zu mir herüberdrang. Augenblicklich eilte ich an meinen Eingang und sah in der Ferne Rüstungen blinken. Es war früh am Morgen. Verwirrt darüber, dass wir von Truppen der Römer angegriffen wurden, ließ ich mich an meinem Seil in die Tiefe hinuntergleiten. Unten angekommen, musste ich erschrocken feststellen, dass mehrere Legionäre mit gezückten Schwertern bereits im Begriff waren, sich meinem Turm zu nähern. Ich hätte in der Falle gesessen, wenn ich nicht jenen Ausweg gekannt hätte, den ich meiner Freundin Ganna verdanke.

Ich machte mich auf den gefährlichen Weg durch den Sumpf. Aber die Römer hatten mich längst entdeckt. Einige Soldaten waren so

leichtsinnig mir zu folgen. Ich hörte ihre Hilfe-
schreie, drehte mich aber nicht zu ihnen um.

Nachdem ich den Fluss erreicht hatte, war
ich unsicher, was ich jetzt tun sollte. Dann entschied ich mich zu fliehen um nicht in die
Hände der Römer zu fallen. Ich hoffte, dass sie
so mein Dorf verschonen würden. Später erfuhr ich, dass Lupercus mich hatte gefangen
nehmen wollen und wie ein Eber in der Falle ge-
tobt haben soll, weil ihm dies missglückt war.
Da beschloss ich weit fortzugehen um mein
Dorf nicht weiter durch meine Anwesenheit zu
gefährden. Ich wusste, dass Lupercus nicht
eher ruhen würde, als bis er mich in seine Gewalt gebracht hatte.

So machte ich mich auf den Weg zu den Marsen. Die nahmen mich wie eine Tochter auf und
fühlten sich geehrt, dass ich bei ihnen bleiben
wollte. Im Heiligtum der Tamfana diente ich
mehrere Winter lang der Göttin. Doch eines Tages gelang es einer römischen Kohorte, mich
dort aufzustöbern und gefangen zu nehmen.
Die römische Wölfin hatte mich endlich in ihre
Gewalt gebracht. Munius Lupercus hätte mich
wohl am liebsten töten lassen, aber der Befehl
des römischen Kaisers, mich zu ihm zu bringen, vereitelte seine Absicht.

So beendete Veleda ihren Bericht. Ich habe sie
später in Rom den Prätorianergarden des Kaisers
überstellt. In Rom erfuhren wir auch vom schrecklichen Ende der Städte Pompeji und Herculaneum,

ganz so, wie es Veleda vorausgesagt hatte. Von unseren Freunden hat meines Wissens niemand überlebt. Was aus der Germanin wurde, darüber kann ich nur Mutmaßungen anstellen. Ich habe sie niemals mehr wieder gesehen. Kaiser Titus hat sie nicht wie eine Gefangene behandelt, so viel ist sicher. In einem Brief an den Kaiser habe ich ihm mitgeteilt, dass Veleda großen Anteil daran gehabt habe, die aufständischen Germanen wieder zu befrieden.

»Sie ist bei den Stämmen in ihrer Region so hoch angesehen, dass man sich dies zu Nutze machen sollte. Veledas Einfluss auf die Brukterer und Bataver ist zu groß um sie ihnen für immer wegzunehmen.«

Ich hoffe, dass der Kaiser meinem Wunsch entsprochen hat und die Seherin an die Lippe zurückstellen ließ. Denn nur dort konnte sie bewirken, dass der Friede, den Cerialis einst mit Julius Civilis ausgehandelt hatte, auch dauerhaft blieb. Viele Jahre sind seither vergangen. Ob ihr Turm noch steht? Ich wüsste es nur zu gern!

Vale, Tacitus!

Post scriptum: Vielleicht haben auch andere dir über Veleda berichtet. Falls du weißt, was aus ihr geworden ist . . .

ANHANG

ZEITTAFEL

281

69   Die Revolutionskaiser Otho, Galba, Vitel-
      lius und Vespasian kämpfen darum, römi-
      scher Kaiser zu werden. Vespasian setzt sich
      durch und wird Ende 69 römischer Kaiser

69–70 Bataveraufstand

70   Im Juli des Jahres wird die Schlacht von Ve-
      tera geschlagen. Im Herbst desselben Jahres
      Friedensvertrag zwischen Römern und Ger-
      manen. Veleda ist Garantin dieses Friedens

76–78 C. Rutilius Gallicus kämpft gegen die Bruk-
      terer. Veleda flieht vermutlich zu Beginn
      der Kämpfe zu den Marsen

79   Veledas Gefangennahme. Man bringt sie
      nach Rom. Am 24. August, kurz nach 10
      Uhr morgens, bricht der Vesuv aus und ver-
      nichtet die Städte Pompeji und Hercula-
      neum

81–96 Regierungszeit Kaiser Domitians

Arminius: Cheruskerfürst, der die Römer im Jahre 9 n. Chr. bei der Schlacht im Teutoburger Wald besiegt

Aulus Vitellius: niederrheinischer Heerführer, der beim Versuch, römischer Kaiser zu werden, scheitert

Donar: germanischer Gott des Wetters, Wodans Sohn

Drusus: römischer Heerführer, der im Jahre 9 v. Chr. tödlich verunglückt, wie es ihm eine germanische Seherin aus dem Stamm der Semnonen geweissagt hat

Fonteius Capito: römischer Oberbefehlshaber der niedergermanischen Armee im Jahre 68

Haeva: Göttin der Bataver, Beschützerin der Familien

Hel: Totengöttin der Germanen; von ihr leitet sich »Hölle« ab

Hludana: Göttin der Bataver; von ihr leitet sich der Name »Frau Holle« her

Isis: ägyptische Göttin, die auch in Pompeji verehrt wurde

Julius Civilis: Führer der Bataver

Mani: Sunnas Bruder, germanisch für Mond

Munius Lupercus: Kommandant der 15. Legion in Vetera

Nero: römischer Kaiser von 54–68

Nott: die in schwarze Schleier gehüllte Tochter eines Riesen, die nach germanischem Glauben in der Dunkelheit mit einem Wagen über den Himmel fährt

Quintus Petillius Cerialis: römischer Heerführer, der den Bataveraufstand beendet

Publius Quintilius Varus: römischer Heerführer, der im Jahre 9 n. Chr. dem Cherusker Arminius unterliegt

Sunna: germanische Göttin, die den Sonnenwagen zieht

Tacitus: römischer Geschichtsschreiber. Sein Werk »De origine et situ Germanorum« ist das wichtigste antike Zeugnis über das Leben und die Sitten der Germanen

Tamfana: Göttin der Fruchtbarkeit bei den Marsen

Titus: römischer Kaiser von 79–81

Urd, Werdandi und Skuld: die germanischen Schicksalsgöttinnen; Vergangenheit, Gegenwart und Zukunft

Veleda: berühmte Seherin der Brukterer, die im

1. Jh. n. Chr. an der Lippe in einem Turm lebt. Alles, was wir über sie wissen, stammt aus Tacitus (vgl. auch das Eingangszitat dieses Buches) und aus einem Spottvers auf die Seherin, den man im Tempel von Ardea, südwestlich von Rom, Anfang des 20. Jh. entdeckt hat. Was aus der Seherin wurde, nachdem sie in die Hände der Römer fiel, ist zweifelhaft. Einige Historiker behaupten, Veleda habe ihr Leben im Venustempel von Ardea verbringen müssen. Neue Forschungen deuten jedoch darauf hin, dass sie als »Garantin für den Frieden« zwischen Römern und Germanen zu ihrem Stamm an die Lippe zurückkehren durfte

Vespasian: römischer Kaiser von 69–79 n. Chr., Vater von Titus

Vesta: römische Göttin des Feuers

Wara: germanische Göttin der Wahrhaftigkeit

Wodan: oberster Gott der Germanen

Aliso: Römerlager an der Lippe

Auguren: römische Priester, die bei wichtigen Staatshandlungen den Willen der Götter erkunden

Canabae: lat. für Lagervorstadt

Druide: gallischer Priester

Fenriswolf: gewaltiger Wolf, dessen Auftreten nach dem Glauben der Germanen das Ende der Zeiten ankündigt

Ginungagap: Abgrund, in dem nach dem Glauben der Germanen einst die Welt versinken wird

Hades: griech. für Hölle

Hagedise: kräuterkundige, weise Frau bei den Germanen

Haruspex: römischer Zeichendeuter, der aus Wunderzeichen, aus den Eingeweiden der Opfertiere oder aus Blitz oder Donner weissagt

Irminsul: eine große Säule, die die Germanen verehren

Kline: römisches Liegesofa

Lure: bis zu zweieinhalb Meter lange Bronzetrompete

Met: berauschendes Getränk auf Honigbasis

Perystil: Teil des römischen Hauses; ein Umgang, der einen Ziergarten einschließt und dessen Dach von Säulen getragen wird

Portikus: Säulenhalle

Präfekt: Chef der Stadtpolizei

Stoa: griechische Richtung der Philosophie, die bei allem Ruhe und Gelassenheit vom Menschen fordert, der als Vernunftwesen gemäß der Natur leben soll

Sibylle: Seherin

Thing: Gerichtsversammlung der Germanen

Triklinium: Speiseraum, in dem mindestens drei Klinen (Liegesofas) stehen, die sich um einen rechteckigen Tisch gruppieren

Trireme: römisches Schiff mit drei Reihen Ruderern auf jeder Seite

Vedi: germanisch für »Pfand«

Vetera: Römerlager beim heutigen Xanten

Bataver: siedelten im Mündungsgebiet des Rheins

Brukterer: lebten an der Lippe

Chatten: lebten östlich vom heutigen Köln

Chauken: lebten im heutigen Friesland

Cherusker: siedelten an der mittleren Weser, im Jahre 9 n. Chr. schlug ihr Heerführer Arminius die Römer vernichtend im Teutoburger Wald

Canninefaten: siedelten am heutigen Niederrhein

Friesen: Nachbarn der Chauken

Marser: lebten zwischen Ruhr und Lippe

Mattiaker: lebten südlich der Chatten

Semnonen: lebten zwischen Elbe und Oder, berühmt für ihre Seherinnen

Sueben: Stamm in Süddeutschland, berühmtester König war Ariovist

Tenkterer: kleiner Stamm, der südlich vom heutigen Köln lebte

Tubanten: lebten im heutigen Westfalen, nördlich der Brukterer

Ubier: siedelten auf dem Gebiet des heutigen Köln

Usipeter: Stamm am Niederrhein